多维视角下的高职英语教学及其模式创新研究

李丽能　吕　姗　廖文丹　著

吉林人民出版社

图书在版编目（CIP）数据

多维视角下的高职英语教学及其模式创新研究 / 李丽能，吕姗，廖文丹著 . -- 长春：吉林人民出版社，2023.5

ISBN 978-7-206-20030-4

Ⅰ.①多… Ⅱ.①李…②吕…③廖… Ⅲ.①英语—教学研究—高等职业教育 Ⅳ.① H319.3

中国国家版本馆 CIP 数据核字（2023）第 109550 号

多维视角下的高职英语教学及其模式创新研究
DUOWEI SHIJIAO XIA DE GAOZHI YINGYU JIAOXUE JIQI MOSHI CHUANGXIN YANJIU

著　　者：李丽能　吕　姗　廖文丹
责任编辑：刘子莹　　　　　封面设计：王　旭
吉林人民出版社出版 发行（长春市人民大街7548号　邮政编码：130022）
印　　刷：长春市昌信电脑图文制作有限公司
开　　本：787mm × 1092 mm　　　1/16
印　　张：12.75　　　　　　　　字　　数：180千字
标准书号：ISBN 978-7-206-20030-4
版　　次：2023年6月第1版　　　印　　次：2023年6月第1次印刷
定　　价：60.00元

如发现印装质量问题，影响阅读，请与出版社联系调换。

前言

高职英语教学在现代社会新形势下面临着新的挑战,如何转变英语教学理念,提高英语教学效果是高职英语教学亟待解决的问题。高职英语教学模式的改革一直被认为是高职英语教学改革的核心,所以构建新型的英语教学模式对高职英语教学的发展至关重要。在高职英语教学中,教学模式直接影响学生学习的质量,因此要从多维度创新教学模式,以满足高职院校英语人才培养的需要。

鉴于此,笔者以"多维视角下的高职英语教学及其模式创新研究"为题,首先对理论视角下的高职英语教学、有效教学视角下的高职英语课堂、学习方法视角下的高职英语教学进行分析;其次探讨了高职英语数字化教学资源建设,重点对"互联网+"下英语慕课教学模式构建、英语微课教学模式构建、英语的混合式教学模式展开了探讨;最后从高职英语教学模式改革的思路、高职英语实训教学模式的改革、基于岗课赛证融通教学模式改革、OBE理念下高职英语教学模式改革、STEAM视角下高职英语教学模式改革五个方面研究了改革视角下的高职英语教学模式。

本书内容丰富详尽,逻辑结构清晰,结合高职英语教学的实际情况,全方位、多维度、深层次分析了高职英语教学,既有理论引领又有实践指导,同时注重创新性,对高职英语教学模式的创新实践进行研究。全书注重专业性和可读性,可供从事高职英语教学相关研究的学者和一线工作者使用。

本书由李丽能、吕姗、廖文丹所著,具体分工如下:李丽能(湘中幼儿师范高等专科学校)负责第一章、第四章、第五章内容撰写,计11万字;吕姗(湘中幼儿师范高等专科学校)负责第二章内容撰写,计4万字;廖文丹(湘中幼儿师范高等专科学校)负责第三章内容撰写,计3万字。

笔者在写作本书的过程中,得到了许多专家学者的帮助和指导,在此表示诚挚的谢意。由于笔者水平有限,加之时间仓促,书中所涉及的内容难免有疏漏之处,希望各位读者多提宝贵意见,以便笔者进一步修改,使之更加完善。

目 录

第一章 理论视角下的高职英语教学审视 1
- 第一节 高职英语教学界定与目标分析 1
- 第二节 高职英语教学实用性与理论构建 6
- 第三节 高职英语教学的时代特征转变 17

第二章 有效教学视角下的高职英语课堂 20
- 第一节 高职英语课堂的有效教学体系构建 20
- 第二节 高职英语课堂的有效教学策略运用 30
- 第三节 高职英语课堂的有效教学方法解读 51

第三章 学习方法视角下的高职英语教学 59
- 第一节 高职英语教学中的费曼学习法 59
- 第二节 高职英语教学中的移动学习法 63
- 第三节 高职英语教学中的体验学习法 87

第四章 "互联网+"下的高职英语教学模式 92
- 第一节 高职英语数字化教学资源建设 92
- 第二节 "互联网+"下英语慕课教学模式构建 94
- 第三节 "互联网+"下英语微课教学模式构建 105
- 第四节 "互联网+"下英语的混合式教学模式 116

第五章 改革视角下的高职英语教学模式 151
- 第一节 高职英语教学模式改革的思路解读 151
- 第二节 高职英语实训教学模式的改革分析 181

第三节　基于岗课赛证融通教学模式改革 ………………………… 183

第四节　OBE 理念下高职英语教学模式改革 …………………… 185

第五节　STEAM 视角下高职英语教学模式改革 ………………… 187

结束语 ……………………………………………………………………… 191

参考文献 …………………………………………………………………… 193

第一章 理论视角下的高职英语教学审视

随着社会对英语人才需求的增加,随之而来的是对英语人才应用能力要求的提高,进而要求英语专业的学生在走出校门之前要拥有一定的英语能力。可见,英语教学是高职教育中的重要组成部分。本章重点探讨高职英语教学界定与目标分析、高职英语教学实用性与理论构建以及高职英语教学的时代特征转变。

第一节 高职英语教学界定与目标分析

在当今社会,英语的重要性不言而喻,出众的英语听、说、读、写能力犹如给人注入了正能量,能使人在事业上得到帮助,而高职阶段正是一个人获得这种能力的关键时期。高职英语教学是以英语教学理论为指导,以英语语言知识与应用技能、跨文化交际和学习策略为主要内容,并集多种教学模式和教学手段于一体的教学体系。

一、高职英语教学的界定

(一)高职英语教学的要素

任何过程或行为都是由若干要素(成分)构成的,这些要素决定了该过程或行为发展的可行性。高职英语教学就是由若干要素构成的一个过程,主要要素有教学目的、教学内容、教学方法、教学手段、教学环境、教材、教师和学生等。这些要素从不同层面、不同角度对英语教学进行了剖析,对教师开启思路,加深对教学过程的认识和理解有很大帮助。在这些要素当中,教师、学生、教学环境和教学方法是最基本要素,对英语教学的成败起决定性作用。这是因为英语教师是教学活动的组织者，对学生的学习起引导作用；学生是教学的主体，是受教育的对象；教学环境是语言学习过程中非常重要的部分，没有语言环境的英语学习只能是无源之水、无根之木；而教学方法在教学过程中起到了极为重要的推动作用，可以说直接影响了教学效果的好坏。目前，随着高职英语教学改革的不断深入，对英语教学方法的研究可谓丰富多彩、成果显著。

（二）高职英语教学的特性

高职英语教学与高校其他学科教学有许多共性，如促进学生身心发展、提高实际应用能力、培养自主学习能力等，同时也有诸多个性。其主要为以下方面：

1. 突出英语的工具性与实用性

语言是一种社会现象，是人类传递思想和信息的最重要工具，高职英语教学承担着培养学生基本英语素养和发展应用能力的任务，即通过英语课程学习，使学生了解基本的英语语言知识，帮助他们掌握一定的听、说、读、写、译技能，在促进其思维发展的同时，也为他们继续学习英语和用英语学习其他科学文化知识奠定基础。同时，英语作为一种语言，其最实用的价值就是沟通，学生如果能说一口流利的英语，能用英语撰写行文流畅、用词准确达意的文章，那么对他们未来的事业成功可以说是大有裨益。

2. 传承语言的人文性与思想性

"人文"一词指人类文明，包括人类所创造的一切文化成果以及从事的实践活动，亦有"教化教养"之意。从古至今，英语经历了漫长的进化与演变，承载了西方文明的灿烂与辉煌，是西方世界先进思想文化的载体。因此，高职英语教学应充分考虑英语的人文性和思想性，以英语学习为切入点，教师除了帮助学生高效掌握语言知识和技能、减少机械记忆以外，还应注意引导学生深层次理解和把握语言，挖掘语言所反映和传递的思想内涵，以帮助学生开阔眼界，形成跨文化和包容的意识，发展学生的创新能力，培养学生良好的品格和正确的人生观与价值观。

高职英语教学要体现出英语的工具性，即在重视学生英语语言知识积累的同时，大力培养学生的语言实际应用能力。而英语的人文性也要求高职英语教学要着眼于英语课程对学生思想感情的熏陶，关注学生的心灵成长、心智发展和人格升华。可以说，英语的工具性是人文性的基础与载体，而人文性是工具性的思想与灵魂。只有明确了它们之间的辩证关系，教师才会淡化知识本位的教学，才不会过度强调单词、短语、句型之类的纯知识技能的操练，即强调其"工具性"；也不会片面强调"人文性"，即过于关注文化差异，挖掘文本的思想理念。因此，在高职英语教学实践中，既要让学生学习必要的知识技能（听、说、读、写），用所学的英语做事情，又要把人文性渗透并贯穿整个教学过程中，夯实学生的人性根基，丰厚其人生积淀，增强其文化底蕴，为国家和社会培养出德才兼备的优秀人才。

二、高职英语教学的目标

（一）英语教学目标的设定

英语是一门语言学科，是用来交流的工具，听说读写是英语学习需要掌握的主要技能。高职英语教学的目的应该是使学生在未来的工作岗位上熟练使用这门语言。随着教育改革的发展，高职英语教学的目标逐渐变为以实用为主，以应用为目的，为培养生产、技术、服务、管理等方面的人才，应将英语纳入语言应用的范畴。在英语教学过程中，学生应该有意识地运用英语交流，多用方能自如，通过连续的套用模拟，使学生在模拟－运用－拓展中找到语感，以后在相似的环境下即可自由切换，先找到语感，再完善细节，能够增强学生的自信心。

（二）实现教学目标的原则

高职英语教学的基本原则需要包含语言学科的特点，还要符合学生学习的心理特征，掌握英语教学的具体原则，可以更好地实现英语教学目标，使教学质量得到较高的保证。

1. 以人为本原则

在英语教学过程当中，学生才是教学过程的主体，这样的观念可以被称为教育当中的以人为本观念，或者以学生为中心原则。以学生为中心原则就是在教学的过程当中以学生为主，根据每一个学生的不同情况制订不同的教学计划。学生的不同情况包括学习目标、学习习惯、学习兴趣、学习困难等。所以，英语教师在制订学习计划的时候不能统一制订一个，而是要根据不同学生制订不同计划。英语教师这么做的目的也是让学生克服学习的畏难情绪，积极学习知识，从而形成良性循环。在这样的教学环境当中的学生，可以顺从自己的学习方式，以自我为学习的中心，拿出最大限度的精力和热情，更加积极主动地学习英语。

2. 交际性原则

交际性原则与英语教学的最终目标相一致，是高职英语教学的重要教育原则之一。交际性原则下的英语教学应注意以下方面：

（1）重视使用交际工具。在现如今的社会当中，英语作为国际通用语言，越来越受到重视，出了国门之后，英语就是一种通用交流语言，通过英语的使用达到跨文化交流的目的。高职英语的教学就是为了让学生掌握这项技能，在与国际接轨的过程中将英语作为交际工具，培养学生用英语沟通的能力。所以，高职的英语教学应该以沟通为最终目的，以学生为教学中心，将英语的教学带入生活情境，课堂的教学也不能只停留在课本，应该让学生了解到英语学习的重要性，找到学生的兴趣点，使学生主动学习英语、快乐学习英语。

除了创新教学方法之外，教师个人的英语能力也应该不断提升。除了在教学当中组织英语活动外，还应该多设立英语教学活动，让学生在活动当中学习，在活动当中交流，在这个过程当中，不仅提高了学生的学习兴趣，也提高了教师的能力，促使教师接受新鲜知识，提高自身素质。因为没有英语的交流环境，所以英语课堂上的交流就十分重要，英语课堂是学生主要的英语交流环境，课堂的交流需要教师引导，学生积极参与。但是学生在课堂上的时间毕竟是少数，只有将英语交流延伸到课下的情境当中，语言才能具有生命力，教师应该鼓励学生在课下互相交流，用英语对话，给彼此创造学习环境。

（2）重视语言语境的影响。在传统的英语教学当中，更多的是教给学生读、写、听的能力，对于开口说英语这方面的要求几乎是空白的。但是这对于现如今的社会而言是本末倒置的，英语学习的最初目的就是沟通，所以现如今的高职英语教育应该更加偏向让学生把英语"说"出来，这样才能够达到沟通的目的。语境对学生的交际能力有很大的影响,教师应该注意在课堂上创造良好的语境。尤其包括那些很常见的元素,即使它们使用相同的语言表达,在不同的交际语境之下,带来的交际效果也是大不相同的。在不同情境下,让学生扮演不同的角色进行英语对话,这样的练习对学生的语言水平提高有很大帮助,而且能增进师生之间的交流。

3. 兴趣性原则

在英语教学过程当中,兴趣是可以让学生高效率学习的内驱力。学生对于未知的领域天然抱有一种好奇心,英语教师应该充分利用他们的好奇心,引导他们以积极的态度探索英语学习领域,增强学生对于英语学习的兴趣。高职英语教学还应注重兴趣领域的影响原则,在学生感兴趣的情况下,充分调动学生的情感因素,让他们能够主动学习英语,热爱英语学习氛围。以兴趣原则为指导的英语教学活动,可以从以下方面入手:

(1) 充分了解学生的特点。英语教师应充分了解学生的特点,每个学生的性格都是不尽相同的,因为各个学习因素的差别,每个学生的个人特点也就不一样。教师应根据每个学生的不同来制订不一样的教学计划,在尊重学生的基础上,让学生自己对英语学习产生兴趣。学生感受到了学习的乐趣之后,对于学习的热情就会高涨,主动学习成了学生的学习状态,学习的效率才会大大提升。这在英语教学上也是事半功倍的事,教师从灌输转变为引导,学生可以有更多思考,学习也会更有乐趣。

(2) 改变教学方式和评价方式。在原来的高职英语教学方式当中,英语学习更偏向于死记硬背,只要把单词全部背下来就能应付考试。这种形式的教学在英语学习的初级阶段是有效的,但在高职英语后续的教学中效果甚微。在对高职英语教学方式进行改革之后,高职英语的学习更多的是使学生掌握英语技能,了解英语语言的内在逻辑,从而为未来的语言交流奠定基础。

(3) 对教材进行深度挖掘。教材在英语教学中发挥着重要作用,教师和学生在课堂上都会以教材为基准,进行英语学习的推进。英语教师对于教材,应该在课前就摸透,要对教材当中的难点、重点加以把握,还要尽量规避教材当中枯燥的地方,以学生感兴趣的点作为讲解切入点,引起学生英语学习兴趣。

第二节　高职英语教学实用性与理论构建

一、高职英语教学实用性分析

"高等职业院校以培养应用型人才为主要方向,因此英语教学要突出实用性的原则。"[①] 从英语教学的发展趋势和规律来看,高职英语教学改革的重点在于突出其实用性,充分体现高职学生职业需要的特点,提高学生的英语综合运用能力。

(一) 明确英语教学目标,转变教学思想

在高职教育中,首要任务是确保英语教学与学生的职业需求密切相关。因此,需要将教学重心放在培养学生的听说能力上,这是学生未来职业生涯中必不可少的沟通技能。为了实现这一目标,教学安排、内容、方式和考核都应围绕学生的实际应用英语能力进行设置。这意味着教师不仅要关注英语知识的传授,还要注重如何将这些知识应用于实际情境中,以便学生能够在职场中自信地运用英语。英语教师在这个过程中扮演着至关重要的角色,他们需要转变传统的教学观念,将学生的需求和个性置于教学的核心。教师应该积极促进互动交流,创造一个鼓励学生参与的学习环境,使他们更加主动地学习和参与。此外,可以考虑采用水平考试进行分层教学,根据学生的不同水平提供个性化的教育。这种因材施教的方法可以更好地满足学生的需求,提高教学效果,确保每位学生都能够取得成功。

(二) 注重英语教材内容的趣味性与实用性

高职英语课程的教学目的应该紧密围绕着实用性展开,以满足学生未来职业生涯中的需求,这一点至关重要,因为学生将来会在工作中需要运用英语进行阅读、写作和沟通。因此,课程内容应注重职业性和实用性,确保学生能够在工作岗位上灵活应用所学。英语教师应该灵活地补充教学内容,以拓宽学生的知识领域和视野。这些额外的教材可以包括新闻、时事消息、英文歌曲、语音材料、短文或书籍等。这些资源的使用旨在激发学生的兴

---

① 蒲佳荔.高职英语教学实用性探讨[J].新一代(下半月),2011(3):123.

趣、引发讨论和鼓励深入思考，同时也提供口语练习的机会，有助于他们更好地应对未来的工作挑战。当学生对学习充满热情时，他们会更加主动地投入到英语学习中，包括课后的自主学习、大量阅读和口语练习。这种学习热情不仅有助于他们掌握英语技能，还有助于培养他们的自主学习能力。

（三）转变传统教学方式，完善英语教学活动

英语教学方式需要从传统向现代教育方式转变，教师要认识到学生在课堂中的主体地位，尊重他们的需求和个性，真正实现教于学。这种转变要求教师不再是传授知识的主宰者，而是引导学生主动探索和学习的导师。英语教师可以需要根据学生的水平、兴趣和性格等特点，选择合适的教学方法，以激发学生的学习兴趣和积极参与。这种个性化的教学方式有助于每个学生充分发挥自己的潜力。此外，多样的课堂活动可以丰富教学过程，教师采用交际教学法、任务教学法和合作学习法等方法，可以鼓励学生进行口语表达、互动合作，并完成任务。这样的活动不仅可以深化语言理解和记忆，还可以提高学生的沟通能力和团队合作技能。先进的多媒体教学工具和互联网技术可以增加教学内容的趣味性和实效性，吸引学生的注意力，提高他们的学习热情和效果。这也有助于将课程与现实生活联系起来，使学习更加有意义。课外活动也可以培养英语学习氛围，通过组织英语演讲比赛、歌唱比赛、英语角、英语晚会等活动，可以让学生在轻松愉快的氛围中练习英语，增强他们的语言技能和自信心。

二、高职英语教学的理论构建

随着国家教育事业的发展与进步，高职英语教学的重要性也逐渐提升，而提高高职教师的英语教学能力，完善英语教学方法对当前的高职学生英语语言水平提升有积极的帮助，英语是高职课程体系的关键学科，对学生的未来就业和职业发展具有关键意义。

（一）高职英语教学的专业建设

专业是高职院校人才培养工作具体实施的载体，专业建设在学校发展中具有举足轻重的地位，其核心内容包括专业设置、人才培养、基地建设、

课程改革、工学结合等方面。一所高职院校要想办出特色，就必须把教学条件建设、人才培养模式和教学模式的改革与创新落实在专业建设上。高职英语专业建设的内容包括以下方面：

第一，专业建设的核心：师资队伍建设。英语专业的师资力量是衡量一个学校办学水平高低的决定性因素之一。我国高等职业教育经过多年的探索与发展，已经初具规模，办学质量也是稳步提高。高等职业教育师资队伍建设不能照搬普通高等教育的模式，高职院校应当结合高职教育的特点和英语教学规律与要求，制订师资队伍发展规划，并有步骤、分批次地培养、培训适应高职英语教学需求的合格教师。

第二，专业建设的基础：课程体系与教材建设。英语课程体系的确立要建立在对各个专业所对应的工作岗位群所需要的知识和技能进行充分调研的基础之上。从全面培养人的角度来看，英语课程体系还要兼顾学生综合素质的提高。教材是专业知识和个人素质、能力培养的物质载体，缺乏这一载体，必将影响到专业知识传授和专业能力形成的效果。如何使教材符合高职教育的特点与培养目标，仍然是目前乃至今后很长一段时间内高职界应当密切关注的问题。

第三，专业建设的保障：办学条件建设。重视实习实训是高职教育的办学特色之一，也是提高高职教育质量的重要环节。英语实践教学条件的好坏直接关系到学生专业技能培训的质量。高职院校应不断加强实践条件建设——不仅要建设高质量的校内实践基地，还要推行"走出去"战略，设法和企业合作，共建校外实习实训基地，从而增强英语毕业生的社会适应性。

（二）高职英语教学的设计理念

第一，以培养学生英语应用能力为主线。在高职英语课程教学中，传统的教学模式束缚了学生的主动性、积极性和创造性，不利于学生的全面发展。教师应以培养学生英语应用能力为主线来展开高职英语教学设计，应从英语课程教学设计的开发、促进个性发展为目的的第二课堂的开展、搭建以提高学生实践技能为目标的校企互动人才培养平台三个方面，以及从教学内容、教学方法、评价体系、教学环境等角度进行科学的设计和具体的教学实施，这样就能对促进英语教学和学生语言学习训练能起到积极的作用。

第二，优化教学设计，建构生态课堂。优化教学设计，建构生态课堂，旨在激发学生的学习兴趣和学习主动性，提高英语课堂教学的有效性。我们将从六个方面对优化教学设计，建构生态课堂，结合教学实践进行研究：精心设计导入，激发探索新兴趣；创设教学情境，激发认知兴趣；重视操作实践，激发思维兴趣；巧设铺垫坡度，激发探究兴趣；设计开放性问题，激发拓展兴趣；提高自身素质，优化课堂教学。

第三，基于建构主义教学理念的教学设计。建构主义教学观是以学生为中心，使学生变被动学习为主动学习，把知识传授与能力培养、课堂教学与课后自主学习、独立学习与协作学习、形成性评价与终结性评价有机结合起来。教师在设计英语教学内容时，应充分考虑学生的首创精神、知识外化和自我反馈三个基本要素。建立合理的评价体系，完成意义建构。在"以学生为中心"的教学模式下，高职英语教学评价体系有利于激发学生的学习兴趣，培养学生的自主学习意识、合作意识和交往能力。

第四，基于职业核心能力培养的项目化教学设计。职业核心能力的培养已经成为高等职业教育中的一个热门话题，引起了广泛的重视。作为一门实践性极强的语言学科，英语教学不能只停留在语言形式上，而应该将职业核心能力的培养渗透其中，真正实现用外语进行沟通的能力。

（三）高职英语教学的一般方法

下面主要探讨高职英语教学的任务型教学法、情境教学法和探究式学习法。

1. 任务型教学法

任务型教学法在高职英语教学中非常普遍。任务型教学法又被称作任务型教学途径，是一种基于任务发展的教学方法，也是一种教学形式，由教师预先设定作业，引导学生用所学知识完成作业，是提高学生语言技能的重要手段。

任务型教学法一般包含三个步骤：分别是任务前、执行任务中和任务后。任务前需要教师将任务情境引入，向学生明确任务要求，并且向学生提供完成任务的基本语言知识，这些都是任务的准备过程，主要是让学生对任务有一个目标。在任务完成的过程中，学生作为完成任务的主体，要运用自己的语言知识与语言能力努力完成目标；而教师的任务就是在学生完成任务的过程当中，扮演引导者、伙伴、监督者的角色。任务完成并不表示结束，学生还应该针对这次任务写报告，总结在此次任务当中学习的知识与技能；教师则对学生此次的任务表现给予评价，指出还需要改进的地方。

英语任务型教学法的任务划分十分明确：第一，教师为学生设立任务目标，并且给他们提出具体的要求，在划分好任务之后，让他们独立思考解决途径；第二，组织学生展示和报告作业，鼓励学生说出自己的学习思路和学习方法；第三，进行评估，并分配新作业。通过执行这些任务，学生可以体验语言学习的乐趣，而且在完成任务的过程中就学会了语言技能。

下面重点探讨任务教学法的目标设计。目标设计应该是言语技能的获得，在完成任务的过程当中也就完成了言语技能的学习，这就是任务教学法的内核。任务型教学法要将任务设计在特定的课堂中，将生活里面的情境引入教学，使用这样的方法让学生树立在日常生活中学习英语的概念。因此，教师在设计作业时应该关注学生的学习，使学生有明确的学习目标，换言之，如何设计任务是实施任务型教学法的关键。在实施的过程当中，需要注意以下方面：

第一，设计真实的工作。在英语教学中，教师设计的任务应该是实践和模拟现实生活，所谓真实的任务就是接近真实生活的任务。因为语言的教学不是真空的，只有贴近生活，才能够让学生的印象更加深刻。在完成任务的过程当中，学生可以更加快乐地学习，因为任务贴近生活，可以让学生对于语言的技能掌握得更加透彻。

第二，设计符合学生兴趣的作业。高职英语教学对象是大学生，大学生的年龄正是培养终身兴趣，形成完整三观的时候，这个时期的大学生有属于他们自己的心理特点，所以教师在布置学习作业的时候应当考虑这些，布置的内容也应该是贴近时代的，根据年轻人的兴趣爱好，找到流行的素材，才能更好地激发学生兴趣。例如，角色扮演的活动当中，学生与学生之间或是学生与教师之间的对话，就能很好地调动学生的积极性。

第三，设计可输出的任务。英语教师设计任务应该是根据学生的语言水平进行的，只有根据学生的真正水平设计任务的难易程度，才能让教学任务成为真正的输出活动。换言之，这些任务必须是"可以达成的"和"有学习意义的"。

2.情境教学法

情境是交流过程中的环境，而在英语教学当中，情境教学法能够让学生更好地记忆语言内容，并且在日常生活当中运用出来。从学生的学习兴趣、生活经验和认知水平出发，创设出适合的情境，在情境当中发展学生的语言综合运用能力。在情境教学理论当中，最重要的就是能够让学生自然地学会语言，而为了达到这个目的，教师在实施情境教学法的时候，就要提供一个尽可能真实、还原的情境。"在高职英语课堂教学中，教师应创设更为多元化、趣味性更为十足的教学情景，让学生通过英语学习，真正做到想说、常说、会写，充分锻炼他们的英语综合素养，培养他们的应用实用技能。"[1] 高职英语的情境教学法设计，需要注意以下方面：

（1）设计真实语言情境。英语教学的任务是培养学生的交际能力，也就是能够让他们使用英语交流。英语作为一门语言，能听懂能说出口是其最大的用处，也是学习英语的法门。要想提高学生听、说英语的能力，最好的办法就是教师在课堂授课的时候进行全英语教学。换言之，英语教师在课堂上，无论是讲课、提问、书写、布置任务等，使用的都是英语。除此之外，还应该鼓励学生开口说英语，也就是让学生在回答问题、写作业等时都使用英语。这样可以从两方面提高学生的英语学习效果：一方面他们必须听懂教师用英语布置的任务；另一方面，他们又可以自己开口说英语。在这样循序渐进的过程当中，学生的英语能力得到锻炼，自信心也会得到增强。

英语教师可以改变传统的教育方式，在学生与教师课堂的交流上加上一句固定用语，这样就把英语口语带入生活情境，在这样的生活情境当中加入英语会增强学生的熟悉感，从而提高学生对英语学习的信心。语言的使用是语言教育的目标，提高英语利用率的最佳方法是教授课程的所有内容都换成英语，这样学生就会觉得他们学习的英语是一种生活当中使用的语言，从而帮助学生对自己的新语言建立信心。

（2）激发学生交际活动。教师要以合理、适当和自然的方式指导学生，鼓励学生交流是英语学习课程的关键：在教师的引导鼓励之下，学生们都尝

---

[1] 宋育华，肖青.提升高职英语课堂质量的有效教学策略[J].技术与市场，2014，21(12)：370.

试着勇敢地交流,只要跨出第一步,后面的交流就会变成一种自然而然的事情,通过交流,学生可以更加深刻地理解英语学习的内涵。激发学生交际活动的方法如下。

第一,角色模拟。学生通过对角色的扮演,主动学习说英语。这种方法利用了学生具有表现力的心理特征以及精力充沛的身体。教师要经常要求学生在课文中扮演一个角色,写出不同的场景,这样他们就可以在节目中练习,复习他们所学到的,同时教师就可以获得良好的教学效果。

第二,使用多媒体教学方式来调动视听感官。在英语课上的情景模拟经常有限制的空间和时间的问题。在这种情况下,多媒体教学可以通过录音机、视频和投影灯来实现。例如,剧本当中出现了沙漠,而在课堂上是无法真正体验的,这个时候就可以借助多媒体,播放关于沙漠的视频或者使用虚拟现实技术①,让学生身临其境。学生了解他们在剧本中的角色之后,自愿行动并充分展示自己,互相评估。

第三,教唱英文歌来营造轻松的学习氛围。教师可以选择一些简单的英语歌曲,节奏简单,容易跟唱。在跟唱的过程当中,音乐带有独特的吸引力,加上学生的理解能力,就能够让学生轻松地学习英语。这首歌在英语课上是美丽的,学生在跟唱的过程当中可以很快地学习英语,并且过程是感到放松和愉快的。

第四,开展可以使英语获得发展的各种课外活动。这是有效的补充教学计划。教师可以安排数量尽可能多的活动让学生学习英语。这些活动丰富了学生的课外生活,让学生处于一种良好的学习英语氛围当中,培养了学生对于英语的兴趣,结合课程的内在和外部,使得学生们能够接受英语,把英语学习延伸到生活当中。

(3)肯定学生创造意识。在高职英语语境教学中,根据其各种形式、情感、意义和目的的特征,可以巧妙地将学生的认知活动与情感活动结合起来,从而在大脑的两个半球之间产生平衡的互动和协同作用。当教师面带友好的表情,行为活动上有足够的安全距离,以有节奏的语气来试图传达自己的情感,这个时候学生就能够感受到教师传递的善意,从而更加愿意接受教

---

① 虚拟现实技术(英文名称:Virtual Reality,缩写为VR),又称虚拟实境或灵境技术,是20世纪发展起来的一项全新的实用技术。

师带来的启发。通过这些启发，学生能够更好地开创自己的想象力，把自己的创造力发挥到极致。

3. 探究式学习法

探究式学习主要强调学生的主体地位，让学生在学习当中探究，由教师提出问题，学生在解答问题的时候发挥自己的主观能动性，探究更深层次的问题，了解到更多更深奥的知识，通过自主探究建立属于自己的知识体系。探究式学习成为高职英语的学习新模式是一种肯定的趋势，高职院校更需要重视英语教学，并且凸显出高职英语教学的"实际、实用、实效"[1]特色。探究式学习就是学生在教师的指导下，充分探究知识，从而获得属于自己的知识体系。英语探究式学习法设计需要注意以下方面：

（1）学生应该是教育主体的原则。在探究性学习当中，学生作为学习的主人公应该被更加重视起来，而教师应该扮演的角色是一个引导者，而非发号施令的人。在探究性学习当中，学生可以充分发表自己的意见，在不断发现问题、解决问题的过程当中，学生的每一个想法都会被教师尊重，为了得到自己提出问题的答案，学生会通过不断地翻阅资料和汲取知识来解答问题，以得到自己想要的那个答案。在这个过程当中，学生始终是学习的主体，采用的方式也是自主性学习。经过比较之后我们能够得出，那些学生自己提出的问题，然后通过自己的努力找到答案，在这样一个过程当中学生对于知识的记忆会更牢固，而且对于知识的探究精神也会更强。

（2）重视合作原则。这里的合作原则是在学习的过程当中，教师与学生能够达成一种合作的关系。探究性学习讲的就是学生作为学习的主体，自我探究知识。但事实上一个完整的学习过程当中，不可能仅只有学生，教师的指导作用也是非常重要的。而且作为学生而言，在探寻新知识的过程当中，一定会有自己不理解不明白的地方，这个时候就需要教师发挥其作用，为学生解开这些难题。但是值得注意的是，教师在为学生解决难题的时候，并不是当学生一遇到难题就立马解决，这样与之前传统的学习方式就没有区别了。而是在学生充分发挥自己的解题能力，但仍然解决不了的时候，教师再为他们解决这个难题。

---

[1] 蒋小兰. 探究式学习在高职院校英语课堂的运用 [J]. 出国与就业，2010(20): 113.

(四)高职英语教学的评估构建

1.高职英语教学评估的必要性

(1)实现教学方式本质上的改变,进而提升教和学的综合效率。转变以往的教学评价体系时,学生就变成了教学和评估的主体,教学时也必须要以改变作为交流和合作的基础,教师和学生进行互动、学生之间进行互动、课内与课外进行互动、学生与社会互动就成了教学的主要方式,这样的教学环境中学生会变得更加积极、更加进取。除此之外,还能有效地帮助学生培养综合素质,让学生更好地掌握综合性知识。

(2)达到教学与评价的一体化,进而健全高职英语教学体系。"教学与评价的一体化",使教学评估加速了教学进展,制定了更加清晰的教学目标,确保整体教学活动的可行性。除此之外,还能使教学和评估相互结合,更好地应用于教学活动中,形成规范教师和学生行为的准则,并且作为一种约束,鼓励学生,让其对学习充满热情。经过在教学前、教学中、教学后逐一开展诊断性、归纳性评价,充分融合教学过程与教学评价,确保两者科学地融合在一起。

(3)促使教学目标朝着多元化的方向发展,进而培养真正的英语实用人才。高职英语教学过程中以"实用"为主,站在社会需求的角度,注重学习英语的实用性,培养实用性人才。开创多样化的教学评估机制,保证教师的整体教学目标在培养学生的综合能力方面是多元化的。充分融合知识、技术、能力、技巧、情感等因素,活跃课堂气氛,使教学活动充满活力,让学生在探索新知识的过程中不断发展与创新,进而提高学生使用英语的能力。

2.高职英语教学评估目标与内容

(1)评估目标。以往的高职英语教学中,设置教学评估的目的就是评估学生对英语基础知识与专业应用能力的掌握情况,并且那时的教学评估重点放在了培养学生的综合职业能力方面,如英语沟通交流能力、工作社交能力等。除此之外,还必须要制定阶段评估目标,这样不但可以检测学生的学习能力,同时还能帮助学生迅速形成好的生活、工作及学习习惯,对学生的学习情况要适时评估,适时评估学生的认知过程及情感,充分展示多样化的评估目标对培养实用型人才有非常重要的意义。

（2）评估内容。对学生的评估要坚持多元化这一基本要求，不仅要评估专业课程的学习，还应该对学生的技能操作能力进行评估。例如，对于金融英语专业的学生而言，对他们的评估应该包括经济类专业术语理解能力、英语语言应用水平、基础技能及语言素养、多元文化背景知识掌握水平、社交能力、英语思维能力、互联网应用能力、团队协作能力、自我认知等。可见，从上述多元化视角进行的评估才是最为科学和有效的，能为学生职业素养培育奠定较好的发展前景。

3.高职英语教学评估主体与方式

（1）教学评估的参与主体。为全方位推动素质教育的开展，就必须创建一系列可行性高、高效的评估机制，确保学生的评估由主体的单一性过渡为多元化。因此，在改变单一评估主体的过程中，就可以加入学生自我评估、同学相互评估、家长评估，使评估学生变成一项多个主体参与的综合交流活动。学生自我评估是学生自己对学习表现的认知过程。自我评估不但能让学生对自己有全方位的正确认知，同时还能使学生建立自我反思、自我评估的观念。相互评估能激发学生的评估热情，调动学习的主动性，更能促使学生形成强烈的自我教育观念。例如，课堂口语交际活动中，教师的作用就是指导学生学会倾听、参与表达，在课堂中学生评估自我的指标包括发言次数、发言情况等，并通过评估明确自己是否取得了阶段性的进步。这样的教学方式能使学生主动加入自我评估与同学互相评估活动中，从而明确自己的进步情况。此种自我评估方式能为学生提供融入评估活动中的条件，从而使其更好地发现自己进步的足迹，感受到成功带来的喜悦，提升学习的自信心。除此之外，学生还能通过自我评估认识到不足之处，对自我有一个清晰的认知，确定努力的方向。评估组织形式中，必须注重教师－学生－家长系统的综合评估。所以，还要家长们都参与到学生的评估工作中来。

无论是家长评估还是教师评估，都必须注重客观性，同时兼具鼓励，使学生学习过程中自信满满，就算是在某个阶段没有进步也不要气馁，将这个阶段作为重新开始的起点，只有以这样的方式才能激励学生不断进取。对学生进行评估时，不仅要注重学生的成绩，还要在培养综合素质方面多下功夫，明确学生发展的需求，使学生认识到自我，建立自信心，以发挥评估本质上的教育功能。

高职英语教学评估体系中，评估主体要逐渐成为科任教师、家长、学生、社会专家、英语能力鉴定机构等多个主体联合构成的评估团队。评估主体多样化，能够以多个方面、多个层次全方位地、系统地、科学地评估教学活动的进行。除此之外，学生不仅是被动的评估对象，而且是积极主动的参与者，这样能促使学生和教师都发挥自己的主观能动性，逐步反思教学行为与学习能力，提升教学成果，培养学生应用能力与教师职业创新能力。

(2) 教学评估方式与方法。

第一，强化档案袋评估。档案袋评估事实上是以实际参考为基础的多元化、综合性的不断评估学生学习情况的模式，其中有两个问题：①根据档案明确学生在中学时期的学习状况，这样是解决目前出现我国很多大学学习过程中以最终的高考成绩作为评估的主要参考这一问题的最佳方法。②教师在收集学生基本学习信息的过程中必须要有一定的目的性，同时将其制作成档案。

第二，开展专题活动。其主要体现在两个方面：①学生方面，教师可以通过设计一些专题活动或多元化活动，如作品展示、演讲辩论会等形成更多的英语交流环境，为全部学生提供均等的学习机会，从而使学生慢慢呈现出不同的智力表现。②教师方面，学校可以定期组织学生进行交流研讨，公共课教师和专业课教师彼此沟通交流，相互提出意见，从而获取与学生相关的更多信息。

第三，开展日常记录。日记是描述学生的日常活动和进步的一种真实记录，教师也可以在平常的教学活动中对学生的语言、行为等进行及时的记录。除此之外，教师还可以通过现代科技工具，如照相机记录学生的作品，以录音笔录下学生读英语的情景等。这些工作因为学生众多而加大了工作量，所以可以把教师分成不同的组别，也可以在某个阶段选择相对特殊的学生，记录其日常活动、学习等。

第四，运用多元评估方式。评估是教学活动的一部分，对提高教学效率、巩固教学效果、检验教学成果具有重要意义，开展多元评估是对影响教学活动的各种因素的分析与强调。从宏观角度来分析，影响英语教学的因素包括：社会对英语人才的需求、学校的英语教学环境、教师的专业能力与教学水平、教学目标与教学任务的界定、学生素质与基础条件等。对影响因素进行充分分析，开展多元评价，能够对教学过程进行更细致和精准的分析诊断、激励导向和反思改进，具有重要的现实意义。

现代信息技术赋予高职英语教学课堂很多新的特点，也对教学提出了更高要求，需要学校与教师积极整合内外部资源，优化系统配置，转变教学模式，构建现代化英语教学体系。而要想提升教学水平，必然离不开科学的评价体系与方法，教学改革也应建立在评价结果的基础之上，针对教学过程中的薄弱环节提出改进意见，加强教学管理，全面提升教学成绩。多元评价就是针对教学主体的多元性、教学方式与内容的多元性、评价方法与评价主体的多元性，从多个维度制定评价标准，将教师的教学方法与教学手段、学生的学习动机与学习策略、学校的教学资源与教学支持，以及国家与社会等方面的因素都纳入考量范围，更好地对其中是否能够优化的因素做出区分。同时学校应充分利用评价作用，借助评价过程激励学生参与学习，促进教师提升教学能力，提醒学校改善教学条件，进而推动宏观教学环境的改善，转变社会对高职英语教学的固有印象。

多元评价一般采用形成性评价与终结性评价相结合、传统测评方式与网络测评方法相联系、教师和学生的自评与互评相结合的方式，收集更多教学过程的信息，做出全面而综合的评价。教学评价关注的不应仅是教学效果与学生成绩，而更应关注教学过程、教学环节、学生的转变与发展。在"互联网+"的环境下，不仅学校课堂教学发生了改变，而且社会需求、外界环境、学生面临的现实问题也都发生了改变。多元评价正是从这样的时代环境出发，通过构建一个灵活、开放、多维的评价体系，让教师和学生都能够发现自身不足和对方的目标，以加深两者间的交流。因此，将多元互评与问卷调查、师生座谈等传统调查方法相结合，能够更有效地构建新时代的和谐教学环境。

第三节 高职英语教学的时代特征转变

一、从应试教育到以能力培养为目标教育

高职英语课程的目标已经发生了深刻的变化，不再仅是追求考试分数，而是更加注重培养学生的语言应用能力。这一变革要求教师重新审视他们的

教学方法和理念,将英语从单纯的考试科目转变为一门实用的语言和交际工具。英语教师需要将学生置于教学的核心地位,这意味着英语课堂不再是教师主导的课堂,而是学生主导的学习过程。教师应该倾听学生的声音,理解他们的需求和兴趣,以此来调整教学方法。这样的以学生为中心的教学,有助于激发学生的英语学习积极性,鼓励他们更主动地参与课堂活动,从而提高英语综合能力。问题解决能力是高职英语课程的重要目标之一,学生不仅需要掌握语法和词汇,还需要学会如何应对实际交际中的问题和挑战。教师的任务是提供一个让学生思考、讨论和解决问题的环境。这不仅有助于他们在语言上的成长,还培养了他们的综合能力。此外,英语学习可能会面临挫折和困难,教师应该给予学生足够的支持和鼓励,帮助他们克服障碍,这有助于学生培养积极的学习态度,提高他们的自信心,从而更好地提高英语应用能力。随着教育领域的不断变革,教师也需要不断提高自己的素质,更新教学方法和技能,只有不断学习和提高,英语教师才能更好地满足学生的需求,实现高职英语课程的目标。

二、从以教师为中心到以学生为中心教育

英语教学的首要任务是"学"而不是"教",在高职英语教育领域,这一点至关重要。传统的教育方式强调教师的角色,但现代教育更注重学生的主动学习。因此,有效的语言教学应该以学生为中心,注重培养他们的学习能力和自主性。在高职英语教学中,教师应该成为引导者和支持者,而不是仅是知识传授者。教师需要创造一个积极的学习环境,鼓励学生积极参与各种教学活动。英语语言的实践性强调了交流能力的重要性,因此,高职英语教学应该注重口语和写作技能的培养,以便学生能够有效地与他人沟通。教师应该鼓励学生参与各种实际交流活动,如小组讨论、演讲比赛和写作作业等,以提高他们的语言表达能力。

为了培养学生实际应用语言的能力,英语教师需要关注学生的综合语言能力,这包括听、说、读、写等多方面的技能。学生应该有机会在各种情境中使用英语,从而提高他们的语言技能。此外,教师还应该帮助学生建立学习信心,激发他们的学习兴趣和积极性。这可以通过鼓励学生探索自己感兴趣的主题、使用实际案例和互动教学方法来实现。英语教师应该培养学生

的自学能力，教给他们如何有效地获取和管理知识。同时，教师自己也需要不断提高自身的素质，包括英语语言能力、教育技巧和跨文化交际能力等。只有这样，高职英语教育才能真正实现以学生为中心的教学理念，为学生的职业发展和终身学习奠定坚实的基础。

第二章　有效教学视角下的高职英语课堂

在高职英语有效教学的过程中，教师要以学生为主体，营造相对轻松愉悦的氛围，注重教学的互动性，调动学生的英语学习热情，促进他们英语学习能力的提升，从而获得良好的高职英语教学效果。基于此，本章主要围绕高职英语课堂的有效教学体系构建、高职英语课堂的有效教学方法、高职英语课堂的有效教学策略运用展开论述。

第一节　高职英语课堂的有效教学体系构建

"有效教学特指教师通过教学过程的规律性，成功引起、维持和促进学生的学习，相对有效地达到预期教学结果的教学。"[①] 教学的"有效性"是教育领域中一个至关重要的概念，它直接关系到学生的学习和发展。这个概念主要指的是学生在一段时间的教学后所获得的进步或发展，而学生的进步被视为判断教学是否有效的唯一标准。这一点强调了教育的最终目标，即帮助学生获得知识和技能，以便他们在未来的生活和职业中能够成功。

要实现有效的教学，有一些主要特征需要被认可和实践。首先，教师需要确立正确的教学目标。这意味着教师需要明确知道其想要学生在教学结束时达到什么程度。这个目标的明确定义对于衡量学生的进步至关重要，也有助于确保教学内容的连贯性和有效性。其次，有效教学需要高效的学习效果。这意味着学生在教学过程中要获得实际的知识和技能，而不仅仅是表面上的记忆或机械性的应付。学生应该能够将所学的知识应用到不同的情境中，理解其背后的原理，并能够创造性地运用这些知识。为了实现这些目标，教师的具体教学行为至关重要。他们需要采用有效的教育策略和方法，

---

① 宋君. 高职英语有效教学的研究 [D]. 咸阳：西北农林科技大学，2012：7.

以确保学生能够积极参与和深入理解教学内容。这包括激发学生的兴趣，提供清晰的解释和示范，以及提供具体的反馈和支持。除了对学生的学习和发展有积极影响之外，有效教学还能够促进教师的成长。通过不断反思和改进自己的教学方法，教师可以提高他们的教学效果，并不断提升自己的教育能力。这也意味着教师需要保持对教育研究和最新发展的关注，以不断更新他们的教学方法。

此外，有效教学不仅仅关乎学生在课堂上的表现，还关系到他们未来的就业或创业。一个好的教育可以为学生提供实际用处，使他们具备在职场或创业中所需的技能和知识。这种实用性是教育的一项重要目标，它有助于确保学生毕业后能够成功地应对现实生活中的挑战。

最终，有效教学的目标是促使学生在多个方面得到和谐发展。这意味着不仅要关注学术方面的成就，还要培养学生的社交技能、创造力、批判性思维和道德价值观。一个全面发展的个体更有可能在生活中取得成功，并为社会做出积极贡献。

在教育领域中，多模态话语分析理论是一个引人注目的与有效教学密切相关的研究领域。这一理论兴起于20世纪50年代，致力于研究话语的内部运作规律以及话语与认知模式和意识形态之间的关系。多模态话语分析理论强调了话语不仅仅是语言构成的，还包括了图像、颜色、声音、手势、肢体动作等非语言因素。这些因素共同作用，构成了多模态话语，它在实际交流中起着重要作用。

在实际交流中，多模态话语的意义往往超越了纯粹的语言。图像和颜色可以增强信息的可视化呈现，声音可以传递情感和语气，手势和肢体动作可以补充和强调语言内容。因此，多模态话语是一种更加丰富和综合的交流方式，它允许人们在交流中更全面地表达自己的思想和情感。

此外，多模态话语也与文化和社会背景密切相关。不同文化和社会群体可能会对多模态元素赋予不同的意义和重要性。因此，了解多模态话语的分析对于跨文化和跨社会交流非常重要，可以避免误解和冲突，促进跨文化理解和合作。

总体而言，多模态话语分析理论的产生主要有两个原因：一是话语分析理论发展到一个历史阶段的必然产物。随着话语分析理论的深入发展并在实践领域得到广泛使用，越来越多的人意识到单纯地分析语言及其意义无法完整地理解语篇的整体意义。多种模态，如手势、画面、录音、表情等都能体现一定的意义并相互合作、共同作用，同时体现语篇的意义。二是科技发展的必然结果。多媒体和网络技术的迅速发展并广泛应用于人们日常生活和工作中，促使人类在交际过程中，无论是书面语还是口语，都需要听觉、视觉、触觉等感官并用，使得人类话语越来越多模态化。各种模态体现语篇意义的方式不同，体现的意义各有差异，作用也不尽相同，而且模态之间的相互关系错综复杂，多模态语篇的结构与解构需要新的理论指导。在这种背景下，多模态话语分析理论应运而生并取得了巨大发展。

一、高职英语课堂有效教学的基本目标

高职英语的教学目标具有至关重要的地位，它们是英语教学的基本出发点，直接塑造着教学的各个方面，包括内容、方法、评价以及教材设计。这些目标不仅仅是教学的起点，更是教育的终极目标和评价依据。在课堂中，明确的教学目标是对学生学习结果的预期，为他们提供了清晰的学习方向。

高职英语教学中，教学目标以学生为主体，是实现教育目标的关键方式。通过设定明确的目标，教师能够更好地引导学生，帮助他们达到预期的学习成果。因此，树立明确的教学目标被视为有效开展高职英语教学的保障和首要环节。这些目标不仅指导教师的教学过程，还激发学生的学习动力，确保他们在英语学习中取得成功。因此，高职英语教育的成功与否很大程度上依赖于明确而有力的教学目标的制定和实施。

一般而言，任务说明、条件说明和标准说明是教学目标所必须包含的三个方面。任务说明是指学生学会的内容，条件说明是指完成这些教学任务所需要的条件，标准说明是指顺利完成任务和合格行为的标准。此处可以用行为目标来陈述教学目标：①陈述学生在教学后认知、情感和动作技能等方面的学习结果；②合适的教学方法和完善的教学条件能促进教学目标的实现；③教学目标是可以观察、测量的。所以，教学目标可以对教学活动和教学内容的构思起到一定的指导作用，也可以为教学评估提供相应标准和依据。高职英语有效教学目标体系的建构需要考虑以下方面：

(一) 适应社会发展和要求

在当前社会，英语已经成为一项不可或缺的综合应用技能。因此，高职毕业生需要具备英语综合应用能力，以满足社会的需求。这包括在各种情境下流利的听、说、读、写英语，以便能够与国际合作伙伴进行有效的交流。高职英语教学目标应当全面发展，涵盖听、说、读、写各个方面，以确保学生能够应对多样化的英语应用场景。此外，教育不仅仅是知识的传授，还应该培养学生的自主学习能力和跨文化意识。这意味着学生不仅仅要掌握英语技能，还要具备主动学习的能力，并且能够理解和尊重不同文化之间的差异。

(二) 具有现实性与可行性

制定高职英语教学目标时，必须考虑到目标的现实性和可行性。这意味着目标应该既包括长期目标，也包括短期目标，以确保学生在不同阶段都能够实现一定的进展。此外，这些目标应该根据学生的接受能力和教学进度来制定，以避免过于抽象或难以实现的目标。规范语言的使用也是至关重要的，因为清晰的表达有助于学生更好地理解和追求目标。最重要的是，教学目标必须与实际生活和职业需求相一致，以确保学生所学的英语技能能够在实际情况中发挥作用，从而促进有效的教学和学习。

(三) 注重学生发展多元性

高职英语课程应该具有多元性，以满足不同学生的需求和兴趣。这可以通过将课程分为一般、较高和更高要求来实现。一般要求适用于那些英语基础较弱的学生，而较高和更高要求则适用于那些英语水平较高的学生，以确保每个学生都能够找到适合自己的学习路径。此外，高职英语课程应该强调培养听说能力、读写译等综合应用能力，同时也应该提供专业英语技能的培训，以满足不同专业学生的需求。学校应该根据实际情况确定教学目标，以实现多样化和个性化的教育。针对不同专业学生的要求，目标可以不同，以满足各种学生的需求，从而提高教学效果。

二、高职英语课堂有效教学的基本要求

高职英语有效教学的特征对高职英语有效教学提出了相应的要求，高职英语教学必须符合高职英语的教学规律，强调教学效果，注重教学效率。

（一）符合高职英语课堂教学的规律

高职英语课堂教学规律是一套基于特定教育理念的指导原则，旨在培养学生的职业能力和英语交际技巧。这些规律的核心特点包括强调"工学结合，能力为本"的教育理念。这一理念意味着英语课堂不仅仅是为了传授语言知识，还要与职业技能培养相结合，促使学生在学习英语的同时，获得与其未来职业相关的实际技能。此外，高职英语课堂还强调职业性与应用性，目的在于提高学生的英语交际能力和综合职业素质，从而增强他们的就业能力。

（二）强调高职英语课堂教学的效果

高职英语课堂教学效果是评估教学成果的重要指标。它关注学生在英语学习中的实际进步和发展，与教学投入成正比。这意味着，投入更多的教育资源和关注学生的英语基础、技能、学习方法以及兴趣对于提高教学效果至关重要。教学成功与学生进步直接相关，因此，衡量教学效果的主要标志就是学生的成长和发展程度，而不仅仅是传授的知识量。

（三）注重高职英语课堂教学的效率

高职英语课堂教学效率是在最少的时间和资源内获得最多教学效果的追求。考虑到高职学生学习时间有限，教师需要采用科学有效的教学方法，高效利用珍贵的学习时间。这包括减少与教学内容无关的活动，使学生在有限时间内学到更多知识，提高他们的英语运用能力。高效的教学不仅仅关注教师的表现，还包括激发学生的积极性，帮助他们更好地理解和掌握英语知识，从而在职业领域取得更好表现。

三、高职英语课堂有效教学的主要环节

(一) 英语课前的导入环节

导入是英语教学的首要环节，通常分为导入、正课和总结三个关键阶段。在导入阶段，教师需要运用自己的艺术魅力来吸引学生，激发他们对学习的浓厚兴趣，从而为后续的教学奠定坚实的基础。在高职英语教学中，无论是教授词汇、语音、语法还是篇章分析，导入环节都扮演着至关重要的角色。这一阶段的任务是引起学生的注意，勾勒出学习的愉悦前景，激发他们对英语学习的极大兴趣。通过巧妙的引言或引用实际案例，教师可以将英语学习与现实生活联系起来，使学生认识到英语的重要性和实用性。

(二) 英语课堂的讲解环节

1. 讲解环节中的语篇分析

语篇分析作为一种全面理解和评价文章的方法，在高职英语教学中占据了至关重要的地位。通过深入探讨主题、结构和文体等要素，语篇分析帮助学生全面理解文章内容，揭示作者的写作方法和思维习惯。这一技巧不仅有助于提高学生的英语写作和口语表达能力，还能激发他们对阅读的兴趣。

（1）语篇分析有助于学生更深入地理解文章的主题。通过分析文章的内容，学生可以更好地把握文章的中心思想和要点，而不仅仅是停留在表面理解的层面。这有助于他们在学术和职业领域中更好地理解和解释复杂的文章和文本。

（2）语篇分析也使学生能够识别文章的结构。了解文章的结构有助于学生更好地组织自己的写作，使其更具逻辑性和连贯性。这对于英语写作的提高至关重要，因为它不仅适用于学术写作，还适用于各种职业文档的撰写。

（3）语篇分析还可以帮助学生熟悉不同的文体和写作风格。通过分析各种文章，学生可以更好地理解作者如何运用不同的文体和技巧来达到不同的写作目标。这种了解对于学生在写作时选择合适的写作风格和策略至关重要。

总之，语篇分析不仅能帮助学生更好地理解文章，还有助于他们提高

英语写作和口语表达能力，同时激发了对阅读的兴趣。因此，在高职英语教学中，应给予语篇分析更多的重视，以确保学生在语言和文学方面的综合素养得到充分培养。

2.讲解环节中的提问技巧

在教学中，提问是教师与学生之间互动的重要环节，它可以分为多种类型，包括设问、追问、互问、直问和反问。精湛的提问技巧不仅能够引导学生深入思考，还有助于检查他们的知识掌握情况，培养创造性思维，以及激发积极性。以下是提问技巧的关键原则：

（1）问题应该具备科学性。这意味着问题应该基于课程内容和学生的年龄、水平等因素，确保问题具有教育意义。科学性的问题有助于促进学生的学术发展和知识积累。

（2）问题应该具备量力性。问题的难度应该适中，能够引导学生思考，但不至于让他们感到过于困惑。这有助于维持学生的学习积极性和自信心。

（3）问题应该具备阶梯性。问题应该按照难度递进的顺序提出，以帮助学生逐步深入思考和解决问题。这种渐进性有助于学生逐渐提高他们的认知和解决问题的能力。

（4）问题应该具备整体性。问题不仅应该关注特定知识点，还应该鼓励学生将不同的知识点和概念联系起来，形成更全面的理解。

（5）问题应该具备学生主体性。鼓励学生提出自己的问题，促进他们主动参与学习过程，培养他们的批判性思维和自主学习能力。

（6）问题还应该具备精要性。确保问题简洁明了，不含冗长或模糊的描述。

（7）提问技巧还应该具备趣味性、启发性和激励性。有趣的问题能够吸引学生的注意力，启发性的问题能够激发他们的思考，而激励性的问题能够鼓励他们积极参与学习。

（三）学生的实际操练环节

在现代教育中，课堂操练环节已经经历了巨大的变革。不再像传统的知识传播者一样，教师现在更像是学习的引导者和支持者，其角色已经发生了显著的改变。这一点是教育领域的一项重大进步，有助于更好地满足学生的需求和提高他们的学习成果。

在课堂操练中，学生扮演着核心角色，这意味着他们不再被动地接受知识，而是积极参与学习过程。然而，尽管学生的角色更加积极，但教师仍然发挥着关键作用。他们不仅在知识方面支持学生，还在心理方面提供支持。他们需要密切观察和分析学生的活动，以了解每个学生的特点和需求。这种个性化的关注有助于确保每位学生都能够充分发挥自己的潜力。

交互性的课堂教学操练活动已经被证明比传统的教学方法更为有效。这种教学方法要求教师具备观察、分析、整合和组织能力。通过与学生的互动，教师可以更好地了解他们的进步和需求，从而调整教学策略，以便更好地满足学生的需求。

小组互动是一种常见的课堂操练形式，它将学生置于学习的中心地位。在这种环境中，教师不再是单一的知识传授者，而是积极引导和帮助学生合作、交流和解决问题。小组互动不仅提供了学生实践机会，还有助于培养他们的学习兴趣和提高语言技能。通过共同完成任务，学生可以更好地理解和应用所学的知识，这有助于加强他们的语言习得过程。

小组互动通常以任务为基础，这些任务要求学生互相合作，共同构建意义。这种协作方式鼓励学生积极参与，促使他们在语言实践中不断进步。实际研究表明，以任务和小组互动为基础的教学活动增加了学生参与语言实践的机会。这种教学方法调动了学生的主动性，确立了以学生为主体的有效教学模式。它不仅有助于提高学生的语言技能，还有助于培养他们的批判性思维和解决问题的能力。

综上所述，课堂操练环节已经发生了巨大的变革，教师不再是传统的知识传播者，而是学习的引导者和支持者。学生在这个过程中扮演着核心角色，而教师则发挥着重要作用，包括支持学生的知识和心理需求，观察和分析学生的活动，以及促进交互性的学习体验。小组互动和任务导向的教学方法已经被证明是有效的，有助于提高学生的语言技能和综合能力。这种教学模式不仅有助于学生在语言学习中取得成功，还有助于培养他们的团队合作和问题解决能力，为他们的未来做好充分准备。

四、高职英语课堂有效教学的特性表现

有效的高职英语教学除了应具备有效教学的一般特征以外，还体现在以下方面：

(一) 教学目标的合理性

教学目标的合理性是教育过程中的基石，必须经过精心的考量和规划。首先，教学目标应建立在学生的英语基础和社会需求之上。这意味着目标不仅要考虑学生的语言水平，还要关注他们未来的职业发展需求。其次，在确定这些目标时，我们需要避免定得过高，确保学生能够通过努力达到。过高的目标可能会让学生感到沮丧和无能为力，反而影响了他们的学习积极性。因此，高职英语教育的培养目标应着重于为应用型人才培养提供支持，学生需要掌握工作中所需的英语知识和应用技能。

(二) 教学内容的适宜性

教学内容的适宜性同样至关重要。首先，内容必须实用，满足学生未来工作需求。这意味着我们应该关注实际工作场景中可能遇到的语言情境，并确保学生能够有效地应对这些情境。其次，内容应具有交际性，围绕实际生活话题，培养语言交际能力。这不仅包括语法和词汇的学习，还包括如何有效地与他人沟通和协作。最后，内容还应具有知识性，提供相关的社会背景和文化知识，激发学生兴趣，提高综合文化素养。这可以通过介绍英语国家的历史、文化、习惯等方面的知识来实现，帮助学生更好地理解和欣赏英语国家的文化。

(三) 教学方法的适切性

教学方法的适切性对于实现高职英语教育的目标至关重要。高职英语教学以培养实际语言运用能力为目标，因此应采用应用为主的教学方法，调动学生积极性。情景教学法和任务型教学法被认为是达到高职英语教学目标的主要教学方法。这些方法强调实际应用和任务导向，通过模拟真实工作场景或解决实际问题的方式来教授英语。这不仅能够增强学生的语言技能，还

能够培养他们的解决问题和团队合作能力,与未来职业需求相契合。

五、高职英语课堂有效教学的内容选择

高职英语教学内容组织是一个复杂的系统,有效教学内容必须是一个整体概念,既能充分发挥各个不同层次的作用,又能充分调动教师、学生两方面的积极性。"在教学内容的选择上,应该尽量选择跟实际交际更为接近的内容、与职业相关的内容,让学生能够学有所得,学有所用。"[①] 高职英语有效教学内容选择的原则包括以下方面:

第一,全面性原则。在高职英语教育中,全面性原则是确保教学工作系统的核心。这一原则强调了整体目标和任务的服务性质,要求制订统一的教学计划,并实施计划管理。此外,它还要求各教学组和管理单位之间的有机协调,以实现整体优化和完成教学目标。这种综合性的考虑确保了高职英语教育的一致性和有效性,有助于塑造一个统一的教学方向,以满足学生的学术和职业需求。

第二,反馈性原则。及时传递信息、合理沟通和及时反馈在高职英语教育中是至关重要的。这一原则要求建立快速的信息传递系统,不仅在纵向序列和层次之间,还在横向各单位和教研室之间。通过有效的反馈机制,可以及时了解教学内容的质量和学生的学习进展,从而迅速做出调整和改进。这有助于确保教学达到预期效果,提高教育质量。

第三,灵活性原则。高职英语有效教学内容的组织要具有灵活性。①教学内容、方法要灵活。传统的教学是教师在讲台上讲课,学生在讲台下听课,英语教学主要包括语言的知识和技能两个方面,语言知识主要是语言的语法和文法,语言技能主要体现在语言的运用上。不同学习内容的特点不同,学生的状况也不同,教师要结合学生的特点,改善课堂的教学情况,激发学生的学习兴趣和学习热情。②语言内容要具有灵活性。语言的本质是交际工具。英语作为运用广泛的语言,要达到生活化,就需要在日常生活中多用英语表达。英语是活的语言,教师可以在课堂上用英语授课,以此达到灵活运用的目的。

---

① 韩宪武. 新时期高职高专英语有效教学策略初探[J]. 湖北科技学院学报,2013,33(3):102.

第四，阶段性原则。高职英语教育需要注重全过程管理和分阶段管理。这一原则要求明确管理目标，并推动各个教学阶段朝整体目标前进。通过将教学内容分解为可管理的阶段，可以更好地控制教学过程，确保每个阶段都有效地贡献到整体目标的实现。阶段性管理有助于提高高职英语教育的效率和一致性，确保学生逐步掌握必要的知识和技能。

第五，层进性原则。英语有效教学内容组织需要具有层进性原则，在设计教学活动时必须循序渐进，切忌一次性推进，要有过程。所谓过程，是从感性到理性，从认知到思考，从思考到质疑，再从质疑到探索发现。在教学过程中，教师也要遵循层进性原则，将学生已有的知识和生活经验与学生所学的内容相联系，并构建框架：首先，教师应该做到使每一个教学环节都循序渐进，不仅要承担这一环节的教学责任，还要与下一环节衔接好，从而起到承上启下的过渡作用；其次，思考和策划每一个环节，只有明确目标，才能更好地向目标迈进。

第六，创新性原则。高职英语教育必须不断探索新的教学内容和模式，以适应不断变化的教学需求。这一原则要求教师灵活运用多种教学方法，并吸收创新思维。通过不断创新教学模式和内容，高职英语教育能够跟上社会和行业的发展，为学生提供最新的知识和技能。创新性原则推动了高职英语教育的进步和发展，使其更具吸引力和竞争力。

总而言之，上述原则以知识的纵向延伸、横向整合和逻辑顺序，以及学生的发展顺序为出发点，是教学内容组织可以信赖和依靠的基本原则，它可以适用于所有学科教学内容的组织，因此高职英语有效教学内容也应按照以上基本原则进行组织。

第二节 高职英语课堂的有效教学策略运用

一、信息技术对高职英语课堂有效教学的赋能

随着社会经济的发展，科学技术在教学中的应用越来越广泛，其中的网络技术和多媒体技术在高职英语教学中最为常见。充分运用现代信息技术，可以使高职英语教学效果实现最大化，促进英语有效教学的实现。此

外，在高职学生跨文化交际能力的培养过程当中，信息技术不仅是一种教学手段和教学方式，更应该与英语教学相结合。信息化背景下高职英语有效教学的实现，可以从以下方面着手：

(一) 应用信息技术构建跨文化交际语境

学生对于目的语文化的态度是二语习得的关键因素，态度的转化过程为接触、适应、接受和趋同。当前阶段的高职英语教学面临着全球化的背景和语境多元化的趋势，所以高职英语教学必须为学生创造相应的语境让学生进行联系，从而适应这种状态。在以往的高职英语教学中，语言教学多为指导和分析句子，而忽略实际语境中的应用。在今后的教学中，必须要强化高职学生在这方面的训练，使学生可以在广泛的语境中积累经验。在信息化的今天，网络环境为英语教学提供了更多、更丰富的教学资源，学生实际体会多元化语境的机会也增多了。在高职英语教学中运用现代信息技术，为学生创设真实、自然、有趣的学习环境，让学生学习和领会非语言代码，从而分析和对照非语言代码的文化差异。

现阶段英语教学面临的一大困难就是在实际生活中运用英语交流的场所、社区较少，学生们的英语交流主要是在课堂上完成的。不仅英语的实际使用频率低，其他语言如俄语、法语等应用到的场所更少。究其原因，这些语言在我国没有第二语言的地位，只是一门外语学科。学生由于缺乏实践中的锻炼，不能获得跨文化交际的实际体验。在高职英语教学中，教师可以利用现代化信息技术为学生们建构跨文化交际语境，让学生增加跨文化交际的频率，弥补原来跨文化交际语境的缺失。另外，可以使用虚拟现实技术为学生创建仿真的交流情景，使学生体会跨文化交际语境，在立体化的文化输入、输出情境中提升学生的跨文化交际能力。

(二) 利用信息技术建设立体教学资源库

在互联网十分发达的当今社会，对于英语教学而言，运用现代化信息技术建设立体教学资源库和教学平台非常重要。现阶段，高职教师备课的资源主要来源于教材、工具书、配套教参和网络上的资料等，可参考的内容有一定限制。在信息化的时代，未来的英语教学资源应该基于现有的教学资源更多地运用其网络资源和网络平台，运用现代信息技术促进教材结构向立体化、多媒化改进，构建立体的教学资源库，建设现代化的网络教学平台。建立现代化英语资源库、整合并利用多媒体资源是影响英语教学效果的关键因素。文化的介质多种多样，包括但不限于声音、语言和形象，在互联网上还有大量的历史、文化、语言教学资源，随着互联网的发展，网络教学资源将会越来越丰富，与学生所使用教材相关联的网络链接资源的范围将日益扩大。对于跨文化交际能力的培养而言，高职英语教学中采用立体化、多媒体化的教学资源库和网络教学平台大有裨益。

（三）运用信息技术丰富教学的方式方法

传统教学的方式方法已经不适合当今英语教学的发展，多媒体和网络正在对现有的教学方式方法进行改革。随着现代信息技术在教学中的不断应用，如移动电子设备的普及、智能计算机辅助语言学习、交际白板的使用等，人们对于教学中信息技术的应用越来越重视。在英语教学中的教育媒体多种多样，它们各自的功能是教学多样性实现的前提。

第一，现代信息技术在高职英语教学中的使用，对于学生的语言和文化知识以及语言运用能力的提升有非常大的帮助。信息技术采用的视听教学相结合的方法是现代教学必不可少的教育手段。在互联网的背景下，通过信息技术寻找网络上的英语报刊等资源，让学生阅读这些资源来丰富文化知识、提高语言运用能力、培养良好阅读习惯和跨文化敏感度。当下，视频线上会议随着需求的增加越来越普及，这也为学校展开师生、班级之间的线上交流提供了手段。

第二，现代信息技术在高职英语教学中的使用有利于营造新型教学环境。利用现代信息技术营造的教学环境能够实现情境创设、启发思考、资源共享、信息获取、多重交互、协作学习、自主探究等多种功能。目前，远程教育成为学校进行教育的一大手段，高职课程可以使用信息技术来改变学习环境。

第三，现代信息技术在高职英语教学中的使用有助于交际对话教学的实现。例如，信息技术在智能语言课程上的应用，对于二语习得过程中的对话框架的构建有很大的帮助。在信息技术中，网络上的博客、视频等是学生练习交际对话的方式，网络平台为学生提供互动的空间，微信是学生线上交流的渠道，模拟和智能计算机辅助语言学习工具提供了交际适应的环境，互联网上的模板为学生的自由产出提供了参照。

　　一些高职英语教师在教学中利用先进的电子设备，如摄像机、录像机、电视等为学生营造真实交际环境，促进学生了解跨文化语境，然后进行测试和评价，取得了较好的效果。这些教师在高职英语课堂中运用微格教学法，采取分组的方式使学生们完成教师布置的跨文化交际任务。学生们在课上可以通过一些道具进行真实跨文化交际语境的模拟，教师可以用摄像机记录下来，并将记录下来的学生焦急的画面展示给学生，让学生们了解到自己和其他同学在跨文化交际中可能出现的问题并互相评价。基于观看的相关影视资料，学生们在教师的指导下以小组为单位进行活动，在课外通过角色扮演来训练交际能力。通过这样的教学模式和教学手段，学生可以更好地体会到跨文化交际语境，并认识到自身的不足；可以使学生发挥自身的主观能动性，进行自我评价、自我提升；还可以提升学生的学习兴趣和对英语的积极性。利用现代信息技术进行英语教学，学生们普遍可以提升语言、文化、交际知识；通过微格教学法和观看视频、录像，学生可以发现自身的优点和不足。

　　总体而言，将现代信息技术应用到高职英语教学营造出来的教学环境中，有助于丰富英语教学的方式和内容，对于教学过程和教学结果有着强大的推动作用。

二、高职英语课堂有效教学的智慧化实践

（一）智慧学习环境支撑

　　一般而言，学习环境主要由物理环境与虚拟环境构成。在高职英语智慧课堂中，物理学习环境就是智能教室，而虚拟学习环境就是智慧学习平台。传统的教室环境的构成元素比较简单，包括教师、学生、讲台、黑板等，这种教室形态比较原始。不过，教室环境简陋不代表传统的课堂就没有智慧，智慧始终存在于每个时代的教学活动中，只是其内涵及表现形式有所不同。传统课堂的智慧主要体现在师生的言行举止上。现代信息技术的出现改变了教室的形态，如多媒体技术促成了多媒体教室的建立，但是实际上

此时学生的学习模式并没有多大的变化，只是从"人的灌输"变成"技术灌输"，学生依然在被动地学习，智慧培养没有得到重视。而智慧课堂则改变了这种局面，它依托于智慧教室，致力于促进学生智慧的生成。

智慧教室的组成要素包括基础设施、泛在网络、教学平台、技术支持平台、移动终端设备等。其中，基础设施主要是教室中的桌椅板凳、灯、计算机、无线路由器等；泛在网络是多种网络连接方式；技术支持平台是数据采集、数据分析平台；教学平台是能够完成教学实施与管理的平台；移动终端设备则是智能手机、平板电脑等。在现代教育技术发展的初期，由于缺少完善的平台，这些智能技术只能被零散地应用，不能将其功能发挥到最大，而"互联网+"时代则促进了它们的技术融合，许多开放的、智能的移动学习平台建成，教师与学生可以在一个平台上完成所有的教学任务与学习任务，包括师生互动、布置作业、完成作业、教学评价等。并且这些平台还在不断更新完善，不断满足人们新的需求，智慧学习平台在教育领域的应用也越来越普遍。

1. 智能移动终端

智能移动终端是人们日常生活中频繁使用的智能手机、电脑等，使用起来非常便捷，具有移动性与实时性，并且可以同时执行多个任务。移动互联网技术为实现移动学习提供了技术条件，在现代社会中移动学习几乎贯穿着人们的生活。在此背景下，越来越多新兴的、先进的移动学习设备被创造出来，这些设备可以帮助人们随时随地开展学习活动。

具体来看，智能移动终端的特点主要体现在：一是就硬件而言，智能移动终端将中央处理器（CPU）、存储器、输入和输出部件融于一身，它实际上就是一台微型的计算机，还具备了通信功能；二是就软件而言，智能移动终端包含操作系统，这些操作系统涉及的内容非常丰富，包括教育、娱乐、购物、社交等方面，并且这些系统大多数都是可以免费使用的；三是就通信而言，智能移动终端适用于多种网络标准，它的接入方式比较灵活，而且具有高带宽的优势；四是就功能而言，智能移动终端的功能在逐渐完善，并且朝着人性化、智能化的方向发展。

在高职英语智慧课堂中，主要使用的智能移动终端就是智能手机，随着智能手机的屏幕逐渐优化、功能逐渐丰富，其在高职英语领域的应用也越来越普遍。智慧课堂中的智能手机主要具备的功能包括下面三方面：一是社交功能。手机本身就具有社交功能，而智能手机中的微信、腾讯QQ等软件则优化了这一功能，学生可以借助这些聊天工具与教师、其他同学进行即时交流。而且这种交流可以是文字形式的，还可以是语音、视频形式的。二是搜索查询功能。智能手机具有便携性，学生在学习过程中往往会遇到需要查询的知识信息，手机则可以满足学生的这一需求，让学生随时随地都能搜索信息。三是阅读观看功能。学生的学习离不开阅读，智能手机可以为学生提供电子书与优质的课程视频，让学生随时随地都能阅读观看，为学生的碎片化学习提供了设备条件。

2. 智慧学习技术

智慧课堂建立在诸多先进的现代教育技术的基础上，这些先进的信息技术就是智慧学习技术，其主要包括大数据技术、人工智能技术、云计算技术、物联网技术等。在信息技术的更新迭代中，人类开启了大数据时代。大数据技术在教育领域的应用也逐渐推广开来。大数据的主要特征为：一是容量大，即拥有海量的数据；二是种类多，即数据的类型丰富；三是速度快，即人们可以快速地获取数据；四是真实性强，即数据质量较高；五是价值大，即数据可用价值高。要想充分发挥大数据的功能，就必须结合学习分析技术，该技术主要对这些海量的学习数据进行分析，进而对学生做出客观的评估，找出潜在的问题，并且提出应对的方法。由此可见，智慧学习技术是相互联系的，不能孤立地看待，它们往往会一起发挥作用。在传统的英语课堂教学中，教师往往很难了解学生的学习过程与轨迹，无法实时掌握学情，而智慧学习技术的出现将师生在课堂上的教学学习数据尽数捕捉，并且能够对这些数据展开科学分析，还能将其可视化，使师生更加直观地了解相关的教学信息，帮助教师制定教学策略。

（二）智慧课堂构建优化

1. 智慧课堂构建的意义

（1）有效提高英语课堂效率。基于信息技术与大数据技术形成的英语智慧课堂能够极大地提升英语课堂教学效率，辅助英语教师设计出合理的、个性化的教学方案。高职英语智慧课堂有着非常丰富的教学知识储备，支持多样化的教学形式，能够借助现代信息技术实时分析学情，跟踪记录学生的学习过程，并且可以随时回顾相关的教学内容。具体来看，英语智慧课堂对英语教学效率的提高主要体现在两个方面：一是教学密度高；二是教学节奏快。教学密度高是因为英语智慧课堂涉及的知识范围非常广，教学内容多，练习量较大；教学节奏快是因为在现代教育技术的辅助下，英语课堂教学的节奏加快了，不过依然遵循着一定的秩序。

（2）帮助英语教师更好地教学。传统的英语教学模式下，英语教师除了在课上讲授知识之外，还有许多其他的教学任务要完成，如备课、批改作业等，工作量较大，教学任务比较繁重。智慧课堂的出现则缓解了这一问题，它可以根据英语教学大纲及本节课的教学内容，智能化地为教师推荐教学课件，推送相关的音频、视频教学资源，还会筛选出课程内容的重难点，推送具体的应用案例等，这为英语教师备课带来了极大便利。英语教师可以借助这些优质的智能化课件，高效、快速地完成备课任务，其教学负担被减轻了。以往英语教师需要通过检查学生作业才能掌握学生对知识的理解程度，还要组织考试，设计试卷、修改试卷，期中或期末考试的工作量会更大，这些工作都是对教师教学时间与精力的消耗。智慧课堂则以智能化技术与海量的资源库代替了教师的出卷、改卷工作，并且还能在改卷之后自动生成分析报告，明确学生在学习中的问题，为教师提供了精准的、科学的数据，便于教师有针对性地修改教学策略。显然，智慧课堂帮助教师节省了大量的重复劳动的时间，使英语教师的工作负担有所减轻。

（3）利于更好地实现因材施教。每个学生的学习能力与学习特色都不同，每个个体之间都存在差异，但是由于教师数量有限、课时安排不足等多个方面的原因，传统的英语课堂教学很难做到因材施教，教师只能用一个统一的标准要求学生，这导致许多学生都不能充分发挥其学习潜能，教师也难以达到预期的教学目标。而现代教育技术的发展正在逐渐解决这些问题，教师可以借助计算机技术与网络技术，为学生创建一个良好的自主学习环境，在这里学生可以根据自己的学习能力与学习兴趣，灵活地采用各种学习方式与学习途径开展英语学习。对于学习能力较弱的学生而言，他们可以选择难度较低的课程，循序渐进地展开学习；而对于学习能力较强的学生而言，他们则可以选择较高难度的课程，挑战自己，激发自己的无限潜能。可见，智慧课堂使因材施教的实现成为可能。

（4）培养教师互联网思维。互联网思维是在网络信息时代下产生的一种全新的思维方式，具有诸多优势与特点，具体包括跨界融合、平台开放、关注用户、强调体验、应用大数据技术等。教师制作教学视频的任务重、压力大，不能仅依靠教材进行视频制作，而是要充分利用互联网中的优质资源。教师可以在网上寻找一些符合自己需求的、合适的、优质的课程视频，直接下载使用，这能够有效减轻教师的工作压力。另外，英语教师之间也要进行微课视频共享。

传统的英语课堂教学需要依赖教师的主观经验，而现代英语智慧课堂依靠的是大量的、充足的客观数据。借助大数据技术对学生学情、教学效果展开分析，极大地推动了高职英语教学改革的进程。具体来看，大数据技术与人工智能技术可以使教学分析结果可视化，教师可以通过清晰的图表了解教学效果，反思教学策略，进而有针对性地予以调整。同时，教师还可以借助新兴技术分析掌握学生的个性特点、学习偏好，从而帮助学生找到最适合自己的学习方式，为学生制订个性化的学习计划，真正地实现差异化、个性化教学。

2.智慧课堂构建的目标

教育目的就是人们在开始正式的教学活动之前，在脑海中对教育的结果所产生的预期，也是教育应该达到的标准与要求。因此，人们期望通过一定的教育活动设计和教学手段去获取的最终结果就是教育目的。英语教师在智慧课堂教学中要对学生有充分的了解，积极调动学生的兴趣与热情，通过客观、公平、个性化的评价驱动学生投入学习。具体来看，英语智慧课堂的教育目标可以从以下三个方面进行探讨：

（1）教育资源有效获取与存储。经过了数字化处理，能够在计算机网络中投入使用的教学资源就是智慧课堂的教学资源，它是在教育信息化的推进下产生的。实践证明，智慧课堂教育资源能够促进教育教学的改革发展。一般而言，网络课程、音频视频资料、电子教案、数字化资源库等都属于智慧课堂的教学资源。根据具体的功能作用划分，教育资源可以分为教学素材与辅助程序两大类。教学素材就是我们常见的在教学活动中频繁用到的文字、图片、音视频等形式的教学资源；辅助程序则指能够帮助学生解决问题的教学程序，如学生遇到不认识的单词时，可以用网络英汉双解程序查找其释义，这种程序也属于教学资源。对智慧课堂的教育资源能够有效存取与利用是教师必须具备的能力，同时也是智慧课堂重要的教育目标。

（2）实现课堂教学高效互动。传统课堂的师生互动往往僵硬且无效，智慧课堂推出的互动式教学系统则突破了这一难题，真正实现了有效的课堂互动。智慧课堂主张教师在进行教学设计时应该将"互动"放在中心位置，同时借助多媒体技术、互联网技术、大数据技术及云计算技术等新兴的教育技术，开展丰富的课堂互动活动，互动活动可以有多种形式，可以是一对一，也可以是一对多、多对一，教师与学生可以相互交流分享自己的观点。这极大地增强了学生的课堂参与感，有助于加强学生的学习兴趣，激发学生的学习思维。智慧课堂不仅为师生互动提供了良好的环境，还增加了互动的对象，拓宽了互动范围，使高效互动课堂成为现实。

（3）培养学生的学习主动性。科技的进步与时代的发展改善了人们的生活条件，教育领域也在不断涌现出丰富的教学资源与先进的教学设备，教育信息化、智慧教育等教学理念逐渐被人们接受，教师与学生的教学学习生活也在朝着多样化、个性化发展。基于这一背景，主动探究学习逐渐成为人们提倡的学习模式，传统的被动接受学习正在被淘汰。在传统课堂上，学生采用的是传统的学习方式，即上课听讲、记笔记，下课完成作业。这种学习方式忽略了学生的主动性，也忽略了学习的过程，只关注学习的结果，如果没有教师严格的监督和管理，学生就可能会进入消极学习的状态。基于网络技术与计算机技术的发展，智慧课堂出现了，它为学生提供了全新的、多样的学习方式，拓宽了学生获取知识信息的渠道。学生可以借助这些数字化资源与网络平台开展自主学习，自主选择感兴趣的学习内容，自主选择学习的时间与空间，学生的学习主动权重新回到了自己手中。智慧课堂期望能够激发学生的主动性，改变学生被动消极的学习状态，让学生积极地投入学习中。学生在智慧学习环境和教师有效的教学组织形式下，可以提升自身的认知、情感、思维等智慧潜能，从而达到智慧学习的目的。

3. 智慧课堂构建的特征

（1）数据动态化。数据动态化是英语智慧课堂的首要特征，智慧课堂就建立在各种数据基础上，其利用大数据技术收集学生在学习过程中产生的各种行为信息,并对其进行数据分析,为教师提供直观的、精确的学情报告,以便教师合理地调整教学流程。并且智慧课堂中的数据是动态的,英语教师可以实时掌握学生的学习状况,动态地调整教学策略。

(2)实时个性化。英语智慧课堂可以为学生推送个性化的学习资源,满足学生的个性化学习需求,还能够为师生、生生之间的交流提供实时互动的平台,教师可以实时掌握学生的学习进度,学生也可以随时向教师提出问题,教师与学生都可以通过智慧教学平台获得及时的反馈与评价。

(3)高效互动化。英语智慧课堂引进了各种先进的教学技术,这些现代教学技术极大地提升了课堂的互动效率,除了常见的小组协作学习、讨论学习之外,智慧课堂还引进了抢答器、随机挑人等设备,这些新兴技术为智慧课堂增加了趣味性,使学生的积极性与学习热情得到了激发,更使课堂上的互动交流更加高效。

(4)多元智慧化。英语智慧课堂采用了多种新兴的教育技术,使课堂变得更加多元,同时智慧课堂还具有大量的智慧、智能元素,能够智能地监测学生的学习过程,智能地生成数据分析报告,智能地推送教学资源。

(5)工具丰富化。英语智慧课堂引入了各种各样的教学工具与学习工具,并且将这些智慧教学工具应用到了许多真实的、具体的情境中,这有助于学生自主建立相关的知识体系。同时丰富的、智能的学习工具还能为学生创造了一个智慧化的学习环境,提供了多种学习途径。

(三)智慧学习资源利用

学习资源是学生在学习过程中需要的信息资源与实物媒体,是教师与学生开展教学学习活动的前提。具体来看,信息资源主要是学习过程中需要用到的信息技术、教学设备等,实物媒体则是学习活动中需要的实物、标本、模型等工具,实物媒体更加形象直观,具有较强的真实感与空间感。智慧学习资源就是智慧课堂教学所需要的资源。在信息时代的背景下,英语教学资源的内涵也有所扩展。现如今,除了基础的英语教材之外,其他相关的辅导书籍、音频、视频及网络上的课程资源都属于英语教学资源。只要英语教师仔细筛选,加以利用,就能为英语课堂增添各种有趣的、新鲜的内容。高职英语教学必须与时俱进,关注网络教学资源,加强信息技术与英语课程的整合，最大限度地提升英语课堂教学效率。

英语智慧学习资源包括预设性学习资源与生成性学习资源。预设性学习资源是智慧学习平台所提供的所有资源的集合，它鼓励资源独立于设备。学生可以随时随地用手机在资源库中查找资料，选择自己需要的资源。并且智慧学习平台还能按照学生的学习特征、学习需求为其推送合适的学习资源。生成性学习资源具有生成性和发展性，换言之，它并不是预先存在的资源，而是随着学生的学习活动不断生成的资源。学生与教师、同学的交流记录，学生的个人反思与学习成果等，都属于生成性学习资源。

英语智慧化教学将现代教学技术引入英语课堂之中，促进了师生之间的互动交流，并且优质的英语教学资源可以通过网络远程输送到各个地方，促进教学资源的共享。空间上，通过多媒体教学技术，学生可以坐在教室中看到其他学校的教室场景。换言之，英语教学可以以异地同步的教学形式进行，英语学习不再受到空间的局限，不管是优秀的教师还是优质的教学资源都可以共享。时间上，教师与学生的互动交流可以摆脱课堂时间的限制，即使在课下，学生也可以向教师提出自己的问题，与其他同学在线上进行讨论，学生的思维也不再局限于某个课堂，其英语学习思维将得到拓展。

三、高职英语课堂有效教学中的教师反思

"反思是人类特有的一种心智活动，是对自己的思想、心理感受的思考，对自己体验过的东西的理解或描述。"[①] 教学反思是一种深思熟虑的过程，教师有意识地回顾、审视并重新认识他们的教学经验。这个过程的目标是创造新的、更为合理的教学方案和行为，以提高教育的质量。教学反思的核心在于追求教学行动的有效性和合理性。反思型教师具备分析自己的实践和背景的能力，能够客观地评估教学情境，以便为下一步的行动负起责任。他们不会盲从未经批判的实践经验或原则，而是积极地思考如何改进自己的教学方法，以更好地满足学生的需求。通过不断地反思和调整，他们致力于不断提高自己的教育水平，创造更富有意义和积极影响力的教学体验。这种反思性的教学方法有助于教育领域的不断进步和创新。教师反思与高职英语有效教学的关系可以从以下方面进行探讨：

---

① 文燕. 教师反思与高职英语有效教学的研究 [J]. 教育与职业，2010(18)：188.

第一，教师被认为是高职英语教学的关键要素。教学的成功与否在很大程度上取决于教师的表现。然而，高职英语教育领域面临着多方面的挑战，如学生学习意愿不高、教材过于定式化等。在这个复杂的环境中，教师需要具备反思意识，不断审视自己的教学方法、内容和策略，以适应不断变化的需求。这种反思不仅包括教学内容，还包括教学策略、学生情况等各方面的因素。只有通过不断地反思和改进，教师才能更好地满足学生的需求，提高教学质量。

第二，反思型教师是高职英语教育中的珍贵资源。他们不仅能够识别和理解当前的教育问题，还能够积极采用新的教育理念，并将其有机地融入实际教学中。反思性教学有助于推动教育的改革与创新，使教学保持科学合理的状态，促进教师和学生的共同进步。反思型教师能够促使教育体系更好地适应时代的发展，为学生提供更具吸引力和实用性的教育。

第三，反思型教师对促进高职英语的有效教学具有重大意义。首先，他们具有开放的思维，能够积极接受新的教育理念和方法。这使他们能够不断更新自己的知识和教育技能，以更好地满足学生的需求。其次，反思型教师灵活运用信息，不断调整教学策略，充分发挥自身的优势。他们能够根据学生的不同需求和背景进行个性化教学，提高教学的针对性和效果。最后，反思型教师注重探究和发现，避免主观和盲目性的教学方法。他们不仅关注教学的表面层面，还深入挖掘知识的本质，从而促进学生更深层次的理解和学习。这一切都有助于高职英语教育的高效实施。

反思是一个不断循环的过程，需要不断提炼新的教育理念，是有效教学的必要条件。这个过程涉及教师对自己的工作进行深刻的思考和自我评估。教师需要改变教育观念和教学方式，养成教学反思的习惯。这包括通过仔细观察和审视课堂教学细节，发现并改进低效或无效的教学行为。通过借鉴、总结、思考、积累经验，教师可以逐渐形成个性化且有效的教学策略。最重要的是，教师需要自觉调整和完善教学方法，不断提高课堂教学的有效性。这种持续的反思和改进过程有助于教师与时俱进，确保他们能够为学生提供最好的教育，不断适应不断变化的教育需求和挑战。只有通过不断地反思和改进，教师才能在教育领域中取得更好的成绩。

四、高职英语分级教学中的有效教学策略

高职教育的主要目的在于培养技术型人才,所以对高职院校的英语教学模式进行探索和改革已经成为必然趋势,而分级教学一定程度上能够克服传统教学模式中的一些不足,"分级教学为不同层次的学生制定了不同的教学目标,教学方法也不尽相同"①,可以实现高职英语有效教学。

(一)分级教学中有效教学策略的内容

1. 明确教师和学生的定位

(1)强调学生的主体作用。学习是基于学生现有知识和经验,个人与环境之间相互作用的过程,而不是一个被动吸收、反复练习和强化记忆的过程。因此,教师需要明确学生是教育的对象,帮助他们充分发挥学习主动性,并提高他们独立学习的能力,从真正意义上实现学生对知识的自我构建。在分级教学模式下,教师更要重视学生的个体差异,要对不同级别学生制定不同的教学进度,同时鼓励学生制订自己的学习计划。学生在制订学习计划时要考虑诸多因素,如个人学习目的、英语水平及学习能力等,不仅如此,计划中还要包括学习的具体时间及内容,越详细越好。学生如果长期坚持,则会得到很多益处,逐渐学会自我决策、自我管理的方法,从而达到自主学习的最终目的。这样,学生就能够成为确定自己目标并创造学习机会的自主学生。

(2)发挥教师的主导作用。在教学过程中,教师与学生要建立一种和谐的关系,创造和谐的学习氛围,在很大程度上激发出学生的潜质,使其发挥出创造才能,提高其学习积极性及自主学习能力。学生自主并不意味着完全独立。高职英语教师最重要的职责就是想方设法帮助学生学习英语知识,争取达到知识获取的最大化,提高相应的技能,鼓励并督促学生寻找并运用适合自己的学习方法。除此之外,还要引导学生制定学习目标,正确地选择学习方法,自我监控学习过程,并评估学习效果。

(3)加强学生对英语学习策略的训练。学习策略的使用对英语学习成绩的影响非常显著,因此要培养学生使用有效学习策略的能力。语言学习策略

---

① 温莹. 高职院校英语分级教学策略探讨[J]. 新校园(上旬),2018(4):93.

的训练与自主学习是相辅相成的,两者存在紧密的联系。学习策略的训练会为学生带来很多益处,能够帮助学生提高学习效率,进一步向学习目标迈进。除此之外,还有利于学生探索适合自己的学习途径,从而提升他们的自主学习能力。

(4)制定不同的评估体系。现在学生的学期成绩由期末考试成绩和平时成绩组成,即终结性评估和形成性评估相结合。但终结性评估的比重大于形成性评估,考试为主,平时学习表现为辅。为了鼓励学生的自主学习,我们要改变现有的模式,加大形成性评估的比例。特别是对于成绩较差的班级的学生,我们可以运用以形成性评估为主、终结性评估为辅的评估体系,同时加强对他们的督促,并采用激励机制,让他们养成学习英语的良好习惯,使他们逐渐做到想学、能学和坚持学。

2. 应用不同的教学内容与方式

对不同级别的学生创设发展性的课堂教学,应选择具有知识性、趣味性和真实性的语言教学材料,给学生制定明确的学习任务,然后以任务为中心,开展形式丰富多彩的课外活动,并组织学生主动参与,在此过程中给予学生适当的引导、帮助和鼓励。而优秀班级的学生普遍而言基础较好、自主学习能力比较强,可以给他们增加除教材外的学习内容,如英美文化、商务英语、英美报刊阅读等内容,使他们的英语水平更上一层楼。

(二)分级教学中有效教学策略的实施

1. 分级教学策略存在的问题

高职英语分级教学的实施对教师与学生双方都有积极的影响,既可以促进学生提高学习成绩,也有利于教师根据学生的不同情况施行不同的教学策略。然而,在实施的过程中会出现很多问题,如果这些问题没有得到妥善解决,就会影响教学效果。另外,分级教学与传统教学相比发生了很大的变化,学生可能不会固定于某一个班级,因此,学生之间的熟悉程度较低,相互交流会产生一定障碍。与此同时,随着经常被"升降",部分学生的压力会加大,这个压力可能是长期的也有可能是短期的,会产生焦虑的情绪,这对学生学习进步是一个很大的阻碍。下面主要探讨基础班教学中的常见问题:

部分教师可能认为基础班和提高班之间最大的差距在于基础知识的扎实性，在教学过程中只是一味地对学生讲授基础知识，以查缺补漏为重点，而忽视了学生的心理以及相关的情况。因此，教师应帮助学生探索学习规律与方法，在教学方法上有所改善。基础班学生的英语基础薄弱，他们缺乏独立理解和学习的能力，兴趣也不够浓厚，因此他们在课堂中注意力不会很集中，没有太多学生愿意发言，使得课堂的气氛不佳。教师也没有更好的方法应对这些问题，只好从开始说到结束，没有师生间的互动过程，这是一种很不理想的教学方式，学生只能被动地学习，经过一段时间，学习的积极性就会受到影响，教师与学生都会感到枯燥乏味，这将在很大程度上影响教学质量。基础班学习的常见问题如下：

（1）部分学生学习方法不得当。基础班中很多学生的学习方法存在很大的问题，总是认为学单词和语法是英语学习中的关键，因此就把学习的重心放在这两者上，并进行机械的记忆，而不是科学的情景记忆，忽视了听、说、读、写、译的重要作用，没有对此展开综合性训练。很多学生不懂得举一反三，缺乏灵活运用的能力，只会死记硬背，这样的记忆时间不会很长，过一段时间很可能就忘记了。长此以往，学生在英语学习方面的自信心备受打击，逐渐放弃英语学习。除此之外，基础班学生还存在一个普遍的问题，那就是过分依赖教师，遇到问题时会直接问教师，缺乏自己的思维过程，也不提前预习，而且课后不复习。因此，学生不仅要养成良好的英语学习习惯，更要有良好的学习态度。

学生的心理因素十分重要，它往往决定了学习效果。如果一个学生的学习成绩不好，会出现一系列的连锁反应，这些反应都会给学生带来消极的情感，使之对学习产生抵触心理。有的学生入学时的分级考试发挥失利，被安排到基础班中，这会使学生产生很大的情绪波动，自信心与自尊心均受到打击。有的学生进行口语训练时缺乏勇气，怕说错。还有一部分学生的学习态度很好，很努力，但最终没有取得好的成绩，随着考试失败的次数增多，就会对自己的能力表示怀疑，越来越灰心，最终选择放弃。这些原因都导致整个班级缺乏良好的学习环境，最终的教育效果也与预期相差较大。

基础班中的一些学生对英语没有正确的认知，认为英语并没有那么重要，对他们以后的人生不会起到太大的作用，可能也不会遇上涉外交流的情况。因此，他们对英语学习没有明确的目的。起初，他们接触英语学习可能只是出于好奇，只是学习一些简单的知识。久而久之，随着词汇量的增多，语法知识变得复杂，他们就不想再进一步学习，于是就这样放弃了。由于缺乏正确的理解，学习英语并没有成为他们真正的内在需要，很难对学习形成良好而稳定的兴趣。

（2）分级教学中学生的焦虑心理。随着英语分级教学的施行，每个层级的学生都会面临新的挑战，这些挑战会在很大程度上超越进入大学之前所面临的挑战。刚进入大学校园的新生，学校会结合他们的高考成绩及分级考试的成绩将他们安排到不同层级的班级中学习。大多数学生进入中档级班级学习，其余几名基本知识较好的学生和相对较差的学生分别进入高档或低档班级学习。在这三类班级中，高档班级的学生和在随后的学习中不及格的学生是分级教育改革的最大受益者，与学习水平一般的学生而言，基础好的学生对自己的期望更高，希望自己成为年级第一，获得所有教师和同学的认可。随着年级排名越来越靠前，他们面临的压力也越来越大，要远大于在自然班级教学模式下的压力。如果他们没有获得预期效果的话，无疑会产生负面情绪，感到失落、挫败，从而逐渐减少对学习的兴趣，丧失积极性。就进入较差班级的学生而言，教师酌情把他们安排到基础班后，他们可能觉得自己与高级班的同学有一定差距，自尊心会受挫。如果放大来看，这些学生更容易受到内在敏感性和自尊的影响，从而拒绝参加任何活动。因此，在英语考试中，他们的紧张和恐惧情绪会更明显。

2.分级教学中效率提高策略

下面以基础班教学为例来阐述。高职英语分级教学模式中，基础班教学效率的提高策略主要包括以下方面：

（1）树立学生的自信心，激发学生学习英语的兴趣。兴趣是决定学习效果的重要因素，能够起到促进学习的作用。如果学生在学习过程中没有兴趣作为支撑，那么学习就会成为一种负担，从而使学生产生消极情绪。反之，拥有浓厚兴趣的学生对学习会有很大的热情，从而产生积极的情绪。然而，基础班中的很多学生都想提高英语成绩，但是基础比较薄弱，接受能力不强，在考试中成绩不理想，久而久之，他们对英语学习的兴趣就会降低。如果这时教师再对他们冷漠的话，他们对自己就更加没有信心，会质疑自己的能力，认为自己没有英语方面的天赋。因此，教师一定要先从自身做起，热心帮助学生，使之重建信心，进一步激发其英语学习的兴趣。具体的做法表现为以下三个方面：

首先，调动学生的积极性，改变教学方法。为了让学生更好地理解教学内容，教师应积极改变教学方法。随着信息技术的不断发展，教师可以顺势利用多媒体、网络等信息技术手段来辅助教学，这种多媒体网络信息技术摆脱了传统教学方式的枯燥、乏味，视、听等多种感官同时并用更加形象、直观和生动，对学生加深知识的理解和记忆的强化具有很大的助益。

需要注意的是，一味地采用传统的方式无法激发学生的学习热情，会让他们感到英语学习的枯燥和艰苦，而且不适合基础班的学生。教师在教学中还要组织开展多种形式的教学活动，如讲述英语故事、学唱英语歌、进行简单的情景对话、做一些单词拼写游戏等，这些充满趣味性的学习活动可以很好地调动学生的积极性，培养其学习兴趣，使之每次上课都有不同的感受。大部分学生都有喜欢看外国电影的爱好，教师可以充分利用这一情况，在教学中让学生背诵一段英文对白，在课堂上对着屏幕进行表演。另外，很多学生爱好唱歌，尤其是英文歌。教师可以充分利用这一点，让学生听歌填词，在黑板上抄写他们学到的英语歌词，并空出个别单词，在学生听到后将其补全。这样，他们就会产生兴趣并能够认真听了。许多学生可以正确地听到这些单词，这样学生不仅可以学习英语歌曲，而且可以提高他们的英语听力能力。

在课堂上，学生的学习兴趣和积极性直接关系到学生的学习成效，所以教师可以想方设法利用各种小游戏和活动来调动学生的积极性，可以给学生制定一些任务，这些任务一定要有十足的趣味性，而且要和生活紧密相关，这样学生才会有兴趣完成它们。例如，教师可以在课堂上采用情景话剧的语言训练形式，先对学生讲解关于问路、吃饭、购物等的常用生活用语，学生对其了解后，教师规定时间让学生进行相关的情景对话训练。对话完成后，教师根据学生的表现，对其做出评价，对表现好的同学进行表扬，增加平时表现的成绩；对表现不太好的学生给予鼓励，希望他们再接再厉，争取下次取得好成绩。

一般而言，基础班中学生的基础相对薄弱，理解能力也极其有限，教师的教学进度不可过快,不能讲述太多、太复杂的知识,因此,教师在教学计划的制订上要多下功夫,尽量做到让学生乐于接受和参与,适当降低难度,尽量使所有学生都理解,深入浅出地进行讲解。例如,基础班中的部分学生可能连音标的知识都不太懂,这就需要教师多些耐心帮学生补充一些前期学习中欠缺的音标知识。教师在讲课的过程中语速应适当放慢,同时还要密切观察学生是否听懂了,当他们没听懂的时候要再讲一遍,或者举一些简单的实例,以便学生更快地理解。另外,在生词教学的过程中,难免会遇到一些难度较大的单词,有的单词很长,学生很难读出来,教师可以把这种单词写在黑板上,将之分解成几个部分,让学生看清楚单词的结构,只要求读得慢些但要准确。在教授语法时,教师讲完一个语法现象后一定要让学生结合所学知识随堂做练习,使学生学完知识后立刻进行实操,以提高学习效率。

其次,加强师生之间的沟通,建立和谐的师生关系。在大学校园中,基础班学生很有可能受到学习好的学生的歧视,因此,教师要有一定的心理准备,要有极大的耐心,要对学生做到全面客观的认识,某些学生的英语不好可能数学是奥林匹克的冠军,每个人都有自己的专长,要像对待成绩优秀的学生一样关心和爱护他们,做到平等、尊重、理解。如果教师在授课时总是面无微笑,表情很严肃,师生关系紧张,对学习成绩不太理想的学生态度不好,那么会打击学生的积极性,增加其焦虑感,从而对学生的学习效果产生负面影响。反之,如果师生关系和谐、友好,那么无论从学生还是从教师的角度,课堂教学都是一个十分愉快的过程,学生会感受到教师给予的温暖,从而产生幸福感,这有利于课堂的学习。

学生的学习效果与师生关系是紧密相连的,学生在良好的师生关系中学习,思维会变得更活跃,对教学活动更有兴趣参与,同时消除对自己的质疑,增强自信心。学生面对教师的关怀会产生一种感激之情,也会更有希望地向前方迈进。因此,教师要经常与学生交流、谈心,把自己看作他们的好朋友,了解他们对于英语学习的真实想法,找出他们在学习中的困难之处,与他们共渡难关。

最后,使学生获得成就感。学习的最终成果怎样,会在学生的心理上会引起不同的情感体验。如果学生在课堂中总是能感觉到成功,这势必会增强自信心,对英语学习越来越感兴趣,从而形成一个良性循环,达到教学目标指日可待。而基础班的学生考试成绩不理想的次数很多，得不到好的自我肯定和积极评价，他们就会对英语学习产生排斥，一接触到英语，对自己的评价就是负面和消极的。成就感在很大程度上决定了学生的学习效果。因此，为了使学生在接触英语时对自己的评价不再是消极和否定的，教师应该不断地为学生创造英语学习成功的机会，让他们尽可能体会到成功的喜悦。

正确地回答教师提出的问题，乃至读对一个句子、一个段落、一个单词，这些学习过程中微小的成绩都可视为学生的成功加以表扬，这样学生体验成功的机会增多了，信心的建立也会更加容易。一般而言，学生很在意教师对他们的看法与态度，这就要求教师要将情绪中积极的一面展现出来，杜绝训斥学生、发脾气的现象，否则会对学生心理产生很大程度的伤害。所以，教师要经常给予学生鼓励和表扬，即使学生没有正确回答教师提出的问题，也要及时地给予鼓励，让学生不要灰心，下次争取回答正确，从而发挥出进一步启发引导的作用。在教师的引导下，学生能够很好地完成课堂训练时，教师要及时给予肯定。另外，在平时的作业批改中，教师也要对学生进行鼓励，写一些积极的话语，这样会传递给学生一种温暖和成功感，对学生的英语学习也是一种激励。

（2）加强学习方法指导，培养学生的自学能力。一般而言，基础班的学生没有正确掌握学习方法，导致学习成绩不理想，这需要教师给予帮助，需要立刻采取行动。教师在教学过程中应重视引导解决学生有关学习方法的问题，使学生尽快摆脱死记硬背的学习方式。很多学生没有掌握单词记忆的方法，认为单词只能靠机械性的背诵，但是过一段时间就忘记了，这成为学生在英语学习中比较棘手的问题。教师在教学过程中要经常引导学生用正确的方法学习单词，如构词法、归类法、联想法及拼读法等。

有的学生是以不出声音的方式学习单词的，经常埋头默写单词，这种方法既枯燥又达不到效果。实际上，有一种方法可供学生参考，那就是"大声朗读法"，"大声朗读法"是大声朗读正在学习的单词，并反复训练言语器官和耳朵。久而久之，朗读单词的声音就会刻在脑子里，不仅听力得到了提高，而且英语发音也得到了改善，单词自然也记住了，达到了"一举三得"的显著效果。

教师要利用合理的方式让学生认识到学习观念的重要性，不能过于依赖教师，教师只是起到一个引导的作用。另外，教师还要教育学生在课堂上认真学习，积极参与教师组织的活动；在课下也要主动学习相关知识，要求学生不仅要接受教师的指导，还要尝试自主学习。在上课时，教师要对学生的预习情况进行大致了解，主要以提问的方式，这在一定程度上起到督促的作用。另外，教师还要引导学生做好课后的复习工作，加深学生对知识的印象，达到巩固的目的。为了更好地帮助学生查缺补漏，教师还要适当安排一些单元测试，这样就能比较直观地让学生意识到知识上的漏洞，从而尽快弥补，为下一个单元的学习打下良好基础。教师应培养学生独立思考的能力，遇到问题先自行研究，实在不会再问教师。进行课外阅读也是提高英语水平的一个途径，因此教师要鼓励学生开展课外阅读，课外阅读可以扩大学生的知识面，提升学生对英语学习的兴趣。

（3）加强课堂教学管理，保证良好的教学秩序。一些基础班的学生课堂表现比较散漫，针对这种情况，教师要及时采取措施，改善局面。教师在课堂教学中要制定相应制度，做到奖罚分明。对于那些不迟到、不早退、课堂表现好、积极思考的学生要在全班表扬，鼓励他们继续努力，同时增加他们的平时成绩；对于那些学习态度差、课堂表现不好的学生应及时对其进行批评教育，并适当减掉一些平时成绩。如果教师对学生的批评过于严厉，学生会无法接受，从而出现逆反心理，产生一些不愉快的后果。因此，教师在批评教育学生的过程中一定要注意用正确的方式。需要注意的是，教师对待学习较差的学生不要表现出不耐烦或者冷漠，一定要格外爱护他们，不断发现其优点，对他们的学习帮助要有耐心，对他们的进步要给予鼓励。高职英语分级教学无疑使英语教学变得更有效，教师一定要充分发挥自身的作用，为基础班教学做出贡献。教师要正确理解表现不佳的学生，减轻他们的心理负担，从而达到教学目的。

（4）密切关注学生的情绪，有效降低学生的焦虑心理。随着分级教学的施行，一部分基础好的学生会提前完成课程任务，修满学分，之后选修一些其他的课程，使自己的英语水平继续向高处迈进。而没有完成任务的学生可能会产生负面情绪。教师要认识到他们焦虑的真正原因，最大限度地降低学生的焦虑情绪。焦虑的产生是一种正常的心理反应，因此教师要让学生摆正心态，正确认识焦虑，它是每个人在生活中都会遇到的，属于生活中的一部分，有压力很正常，有焦虑就更正常了。学生只有正确认识语言焦虑，才能对自己有一个正确的认识与评价，从而学会通过一些适当的方式来释放压力，缓解紧张情绪，进而达到降低焦虑感的目的。

教师平时一定要密切关注学生，观察他们的行为及情绪变化，针对他们的情况，尽量帮助他们缓解压力，从而减轻他们的焦虑感。教师经常对学生进行心理疏导，对学生会有很大帮助，在减少焦虑方面的效果很明显，还会提高学生的学习成绩。很多学生在英语学习中焦虑感很强，主要是因为一些综合性的因素，如认为自己没有外语天赋，对自己的评价不正确，信心缺失等，如果教师在这个时候鼓励他们，总是肯定他们的能力，那么学生就会逐渐恢复信心，逐渐对自己有一个正确的评价，从而减轻焦虑感，提高学习成绩。

很多学生对期末考试有恐惧感，这也是学生产生焦虑的主要原因之一。针对这种情况要采取一些措施，如完善成绩考评结构。换言之，学校不能把期末考试当作评价学生本学期学习成果的唯一标准，而是要适当降低期末成绩中卷面分数的比例，提高平时表现的成绩。这样，学生对期末考试就没有那么担心了，会更重视平时的学习过程与表现，从而在一定程度上提高语言能力。

此外，教学管理人员在实施分级教学时要贯彻落实"两头小，中间大"的原则，从而将负面影响降到最低。"中间大"是进入中间级班级的学生的人数最多，一般要多于总人数的50%；"两头小"是分入较高级和较低级班级的学生的比例要小，甚至可以只分两个档次的班级学习。一般而言，高级班与低级班的班级人数总和不得超过总人数的20%。在学生进入分级教学之前，教师就应具体告诉他们关于分级教学的目的、必要性及优势。只有这样，学生才会对分级教学有一定的了解，从而不会过于抵触这种教学模式，也不会误解教师的用心。这样，学生就可以快速适应分级、考试等情况，减少焦虑的产生。不仅如此，还能提高学习的积极性，学习动机更加明显，从而提升学习质量。当学习内容被赋予积极情绪时，学生就会认为学习是一件很愉快的事情，而且可以促使自己进步，提升自己的能力，并从中获得满足和快乐。

第三节　高职英语课堂的有效教学方法解读

一、英语基础知识的有效教学方法

(一) 语音教学的有效方法

1. 听音模仿

高职英语教学中，语音系统学习的主要方式是听和模仿，教师的发音是学生语音学习的重要标准，所以需要教师规范自己的英语发音并提升发音能力。教师在进行语音教学时，可以让学生在听清、听懂的基础上观察教师的口型，模仿教师的发音口型和方法进行练习。此外，教师要对发音的要领进行讲解，促进学生更好地进行语音学习。例如，教师在进行英语口语教学时，向学生传递音标的知识，首先要让学生熟悉发音的器官，了解发音的方法和部位；其次教师发出规范的声音让学生仔细观察是怎样发音的，注意一些细节，如嘴唇的开合程度等；最后让学生进行练习，掌握发声的正确方式。在学生掌握发音的方法后需要经过反复的练习来巩固，除了基础的发音练习外，高职英语教师可以制作国外原声的发音视频供学生进行听音练习，同时教师也可以根据学生实际演练中出现的发声问题进行指导。在听音模仿中，不只有单音模仿，重音模仿、语速模仿、情景模仿、情感模仿和节奏模仿同样重要。

2. 拼读训练

高职英语教学的拼读训练可以提升学生的发音认识和能力，要求学生掌握和读出单词中字母。教师进行拼读教学时应该先易后难，先让学生从熟悉的内容开始学起，如元音字母、元音音素和单音节词；然后到双音节词、多音节词，此时教师需要让学生注意重音的问题。经过长久的拼读训练后，学生才能够依据音标正确发音。

3. 对比训练

高职英语教师在进行英语语音教学时，可以采用对比训练的策略使学生对语音学习有更好的理解。学生在学习外语时，汉语的语言习惯有时会运用到英语中，这是一种坏习惯，是一种负迁移。例如，有的学生有时会混淆汉语复韵母的发音和双元音，针对这种情况，英语教师需要向学生解释汉语复韵母的发音和双元音的概念、区别和联系，然后进行针对性的训练来使学生养成良好的习惯。另外，学生发音的训练也可以运用英语发音中的最小对立体。一般而言，我们把只有一个音位不同且意义有差异的单词叫作最小对立体。运用最小对立体的方法能够帮助学生牢记语音和语义，同时也有利于提升学生的听力和阅读能力。

(二) 词汇教学的有效方法

高职英语教师进行词汇教学时的有效方法包括以下方面：

1. 运用语料库开展词汇教学

（1）使学生在语境中掌握词汇的用法。与语境相关的实例在英语语料库中有很多，在具体语境中进行英语词汇的学习会使学生的词汇学习更简单、容易。学生在语料库的语境相关学习中可以了解到词汇的使用频率、使用方法，了解高频率词语的各种具体使用方法和语言现象。而且学生在具体语境中注意力也会更集中，可以对相应的词汇运用规律进行归纳总结。例如，教材给 outline 这个单词的注释是"概要、轮廓、外形"，在实际应用中，教师可以在语料库中进行检索，找出其应用的几种使用方法和使用频率，或者让学生自行检索。通过检索，学生可以知道 outline 这个单词可以作动词，也可以作名词。在实际教学活动中，教师要先示范语料库的正确使用方法，让学生学会如何使用。通过语料库的使用，学生的自主学习和动手能力得到了提升。

（2）对近义词及同义词进行检索。习惯了汉语语言的使用方式，在学习英语的过程中不可避免地会出现一些困境，在近义词和同义词的使用中，我国学生普遍存有较大的疑虑。通过在语料库检索同义词、近义词，可以帮助学生更好地理解同义词、近义词，然后总结出相应的规律并进行实际运用。例如，damage 和 destroy 这两个单词都有摧毁、毁灭的意思，是一对近义词，为了方便理解，可以先在语料库中对 damage 和 destroy 进行检索，具体分析二者的使用方法，从而理解这两个单词的不同之处。同样的，也可以用语料库检索出与其多个意思相近的词语。

（3）在检索过程中了解不同词汇的搭配。词汇搭配的正确习得可以极大地提高学生的语言水平,具体表现为输出更准确、更流利、更得体、更高效、更深刻。例如,trend 这个单词有趋势、倾向的意思,将这个单词在语料库中进行检索,可以发现与它有关的词语搭配包括但不限于 development trend, trend up, short term trend 等短语,可以看出 trend 有多样的使用和搭配方法。通过语料库的使用,学生可以将学习中习得的词汇搭配与语料库中的词语搭配相比较,从而更新自己的英语学习认知,更好地进行词汇学习。

(4)进行词汇的复习与巩固。除了使学生在语境中掌握词汇具体用法、对近义词及同义词进行检索、在检索过程中了解不同词汇搭配外,英语语料库在词汇教学中还可以使学生进行词汇的巩固。巩固的方式有很多,这里以练习为例说明。语料库中检索出的内容可以作为练习题,练习题的方式多种多样,如选择题、判断题、填空题等。教师隐藏语料库中检索出的部分内容,让学生将正确答案填到隐藏的部分。语料库资源的丰富性使教师能够根据学生的学习阶段和学习情况进行习题的选择。

学生也可以自主地应用语料库对学习过的一些知识进行巩固,同时拓展已知词汇的课外内容。语料库内容的丰富性使学生可以根据自身的学习情况进行有针对性的练习。此外,由于语料库内词汇的应用范围远远大于教材,所以学生可以更好地理解词汇在实际生活中的使用。对于语料库的使用在促进学生英语水平提升的同时,有利于提升学生的信息技术素养,实现全面发展。

2.讲授词汇记忆的多种方法

对于词汇的掌握和使用而言,词汇量的增长非常重要,词汇量的增长很大程度上是要靠记忆来实现的。记忆词汇的方法主要有以下三种:

(1)归类记忆。按照词根、词缀归类。词汇的记忆异常枯燥,且没有捷径。通过一些方法可以有效提升记忆的效率,如通过词根、前缀和后缀的记忆来扩大词汇量,降低词汇记忆的枯燥感。

(2)按题材归类。英语交际中的话题很多,教师可以对某一话题的有关词汇进行归类,让学生形成系统的词汇学习方法,并对某一题材的词汇有系统的认识和记忆,这样记忆会更系统、有效。

(3)联想记忆。联想记忆法是词汇学习中的一种重要方法,以某一词汇为中心,然后发散思维,联想出与这个词汇有关的词汇。联想记忆法不仅可以提升学生的词汇量，也能提高学生记忆的效率，还可以培养学生发散思维的能力。

(三) 听力教学的有效方法

第一，听英语通知。在公共场所我们能够听到很多的通知，通知在我们生活中扮演着重要的角色。在高职英语教学中，教师通过收集英语通知的教学资源，让学生们体会实际生活中的英语应用，可以有效提升学生英语听力学习水平。在全球化的当今社会，学生们有更多机会出国留学，在机场等区域能够听到各种各样的英文通知，因此听懂英文通知是十分必要的。

第二，听英文影视作品。国外有很多优秀的英文电影和电视剧，一些优秀的影视作品备受广大人民的喜爱。教师可以选取一些先进的影视作品作为听力教学的材料，尽量选用不包含中文字幕的影视作品，这样才能通过听觉的刺激和视觉的侧面影响培养学生的听力能力。

(四) 口语教学的有效方法

第一，注重网络测试与实施人机对话训练。在"互联网+"背景下，教师可以提供相应的技术让学生对自身的口语水平进行客观的评价，然后借助信息技术进行人际对话训练。大学生的英语口语作业对于教师而言一直是一个痛点，传统大学生的口语作业不容易布置和检查，而现代信息技术的应用则弥补了这一点。通过信息技术，教师可以让学生更多地通过课外材料，展开自主学习。

第二，注重过程评价与教师科研相结合。在高职中，一些科研就是为了教学服务的，科研的成功意味着教学效果的提升，为教学提供更好的指导，教学与科研息息相关。教师在教学中依据发现的问题、评价结果和工作日志来改进教学方法，会使教学效果得到改善、教师的科研能力得到加强。

(五) 阅读教学的有效方法

在传统的阅读教学中，学生除了阅读教材外，可供选择的资料不多。而在"互联网+"的背景下，教师可以通过信息技术建立网络阅读资源库和网络阅读平台。在网络阅读资源库中，教师不仅可以将阅读教学中的重难点上传，还可以上传一些课外阅读材料供学生阅读，以提升学生的阅读能力。此外，大量的英文材料难免会让学生厌烦，所以可以在网络阅读资源库中上传一些漫画、图片、视频等资源，以引起学生的阅读兴趣，激发学生的阅读热情，实现阅读共享。教师通过信息技术建立的网络阅读平台可供学生在线参与，学生和学生之间可以交流经验，教师也要参与其中，在学生遇到难点时提供指导。

为了提升学生的阅读兴趣，课外阅读材料的引进十分必要，同时还有利于学生掌握阅读方法和技巧。要想让学生真正地做到"愿意学，有所学"，教师要采取多样的方式创设灵活多变的内容。其中，吸引学生阅读兴趣的前提是阅读材料不能脱离学生所处的环境，而且要有相当的实用性。此外，校园价值和生活价值也需要在英语阅读教学中体现出来。教师可以通过在线学习平台培养学生的阅读素养，也可以在阅读材料中加入专业英语和学术英语来对英语阅读教学进行优化。

高职英语教师可以根据所教的专业从国外权威英文报刊摘取适合的文章，供学生们阅读。例如，与英文有关的科技文章可以从《科学杂志》中选取。作为课堂教学之外的专业阅读文本，《科学杂志》凝聚了全球最先进的科技文章，通过阅读选文，可以拓展学生的科学视野。学生的课外阅读材料不仅包含新闻报刊，网络上的阅读资源丰富多样，学生也可以通过互联网进行英语阅读练习。

英语阅读中的词汇非常重要，教师让学生广泛阅读文献资料的词汇目标是：使学生认识并收集出现频率较多的构成较高比例的行文文字、各个学科的学术性书面文字、在篇章的结构或修辞等中起重要作用的学术词汇。教师可以向学生展示下定义、举例说明、解释、描述、对照等专业阅读中的主要语言功能，以实现对教学素材的深度分析。进行阅读教学时，翻译层面的目标是使学生能够翻译学术文章的摘要，还要能够翻译与所学专业有关的短篇学术报道和科普文章。进行阅读教学时，写作层面的目标是使学生质疑文章中的一些作者观点，同时初步具备撰写本专业相关的科普文章和学术报道的能力。

教师在设计阅读教学内容时，为了提升学生对于语言的兴趣度和敏感度，可以将一些时事、名人名言等融入教学视频中。教师在设计在线作业时，应该摒弃传统的作业方式，加入一些多样化的作业方式，如闯关答题和字谜题。同时，学生可以将自己阅读学习的视频录制好后传到教学平台，供师生、生生之间互动。

（六）写作教学的有效方法

1. 延续性教学方法

延续性教学法将写作教学分为若干个阶段，这些阶段在写作教学中的功能和作用都不一样，但是在将这些阶段进行连接后就会形成具有完整的写作要素的文章，而且质量良好。延续性教学法有一个弊端，就是不适用于所有的写作教学内容，其中的重要原因是学生不可能将学习时间大量地投入细节之中，而且学生的学习任务较重但时间和精力都是有限的。教师在采用延续性教学法时需要注意这一点。另外需要注意的是，大多数学生在进行写作学习时思考得不多，这些同学认为写作不需要动脑也不需要投入过多精力，只要写完就行。其实这一点是错误的，因为写作学习是一个再创作的过程而非一个单独的写作任务。

2. 平行写作教学

平行写作教学法是适宜在学生还未进行写作时采取的写作教学方法，指的是教师针对某一主题、方向为学生提供一篇主体明确的范文，学生们基于这篇范文来决定写作的方向，进而展开写作练习。平行写作教学法可以加快学生的写作速度，同时也可以保证学生写作方向的正确性。

3. 网络辅助写作教学

步入信息化时代后，计算机技术和信息技术在生活中的应用中越来越广泛，教育领域也不例外，这为网络辅助写作教学法提供了产生的基础，为解决写作教学中的一些问题给出了方案。网络教学相比传统教学不受时间和空间的限制，在网络的帮助下，学生和教师可以随心所欲地进行教学活动。在网络的帮助下，学生还可以与国外说英语的友人进行交流，这样可以锻炼学生英语的实际应用能力，对写作也大有裨益；同时学生还可以通过网络了解国外的风俗文化和社会背景，以便更好地了解英语、学习英语。

网络辅助写作教学法是从学生的角度出发，充分发挥学生的主观能动性，教师只需要扮演好指导者和监督者的角色。网络辅助写作教学法的具体步骤是：教师先要为学生们布置写作学习的任务，学生需要主动在网络上寻找资料、分析资料，然后将其应用到学习任务中，化网络上的资料为己用。在网络辅助写作教学法中，教师不需要进行传统的知识灌输，学生的主体地位被尽可能地放大。

二、英语课堂有效教学之文化教学方法

文化教学方法是高职英语课堂中的一种有效的教学方法。其主要包括以下内容：

第一，文化包教学方法。一般而言，可以将教学内容和讨论形式结合后进行的教学叫作文化包教学方法。作为提升应用英语文化知识的一种重要方法，文化包教学方法有助于学生理解本国文化。教师在运用文化包教学方法进行教学时，通常要在文化包内准备一份与国外文化相关的资料，基于这份资料，学生进行自主学习，教师进行课堂教学活动，教师再在课堂上让同学们相互交流探究。例如，高职英语教师在向学生们介绍西方饮食时，需要先为学生们在文化包内准备一份与西方饮食文化有关的资料，然后学生们在教师的引导下进行自主学习和谈论探究，最后小组对西方饮食文化与我国饮食文化进行对比和分析。文化包教学方法有助于培养学生的跨文化意识，使学生通过认识、讨论、对比分析来提升英语语言能力。一般情况下，文化包占用的课堂教学时间较少，大概在10分钟，而具有类似功能的若干个文化包集合就可以上升到文化丛的阶段，文化丛的时间比文化包长得多，一般可以占一节课的时间，然后通过综合讨论使学生内化文化丛的知识。

第二，对比分析法。对比分析法对于在文化教学中学生区分交际文化和知识文化因素有着重要的作用，同时可以加深学生对于本国文化的理解。例如，运用对比分析法分析英语与汉语效果极好，可以发现这两个不同支系的语言在各个方面都有着巨大的不同，如社会背景、文化发展和社会制度等。通过对比分析英语与汉语，能对比分析表层的语言结构形式，同时对比语言内涵。这就是对比分析法的教学效果。

第三，讨论法。讨论法在文化教学中被普遍使用，是由于讨论法在教学活动中比较容易实施。在文化教学实践中采取讨论法，先要做的是分组，然后让小组内部进行讨论和探究，讨论和探究的内容可以是对教学内容的对

比、分析等。经过讨论，小组的同学们可以更加深入地了解西方文化，感受西方文化。综合来看，讨论法可以促进学生对知识的记忆，同时提高学生的学习兴趣。

第四，文化体验法。文化体验是培养学生跨文化意识见效最快的方式。文化是一个动态而又鲜活的现象，人们在漫长的历史进程中发展了不同民族的不同文化和历史。文化体验法包含四个步骤，分别是参与、描述、解释、回应。在文化体验法教学中，学校和教师应该组织多样的语言实践活动，学生们在参加语言实践活动后，在体验中能够更全面、更深入地了解英语文化。文化体验法的活动形式多种多样，如舞台剧等形式，这些能够调动学生感官的活动，可以最大限度地吸引学生们的注意力，使学生沉浸在文化教学中。另外，教师在文化教学中可以对外国文化进行整理，组织专门的课程向学生展示国外的文化背景、风俗习惯、历史等。

第三章　学习方法视角下的高职英语教学

对高等职业院校而言，其目的是为社会培养应用技能型人才，而高职英语教学的目的则是提高学生的语言应用能力。科学创新的学习方法是提升语言应用能力的关键，基于此，本章主要探讨高职英语教学中的费曼学习法、移动学习法与体验学习法。

第一节　高职英语教学中的费曼学习法

费曼学习法，是一项深受学生欢迎的学习策略，以其核心理念"以教为学"而闻名。这一方法的目标是将被动学习转化为主动学习，通过主动教授和简化输出知识，达到深度学习的最高境界。在费曼学习法的指导下，学生将经历一个深思熟虑的学习过程，最终能够以非术语的方式表达抽象概念，展现出真正的掌握。

在高职英语教学中，费曼学习法的应用带来了革命性的改变。传统的英语教学往往侧重于灌输知识，但费曼学习法鼓励学生主动参与，激发了他们的思维和想象力。通过教授他人，学生培养了自信和批判性思维，不再仅仅是被动地接受信息。这一方法使学生更加深入地理解英语的概念和规则，使他们能够运用所学的知识，而不仅仅是记忆知识。

费曼学习法包括四个关键步骤，每个步骤都对学习过程产生了深远的影响。首先，理解概念是学习的起点。学生需要深入思考和阐述概念，摒弃术语的表达方式，以更自然的方式解释概念。这一步骤有助于建立坚实的理论基础，为后续的教授打下基础。其次，尝试教授是费曼学习法的核心。学生模拟教授他人，使用通俗的语言解释概念，以确保自己真正理解了所学内容。这种主动的教授行为促使他们以更深入的方式思考，并表达出清晰而有力的想法。再次，查缺补漏也是费曼学习法学习过程中不可或缺的一环。学生不断地回顾和整理所学知识，简化表达方式，并不断进行循环迭代。这种反复学习的过程有助于加深对概念的理解，并提高知识的保持和应用能力。最后，费曼学习法的关键在于简化输出。通过类比，学生将抽象概念以非术语的方式表达，这展示了他们真正的掌握程度。这种输出方式不仅加强了学生对知识的理解，还帮助他们在实际应用中更灵活地运用所学。

费曼学习法在高职英语教学中的应用具体如下：

一、费曼学习法在高职英语新授课堂中的运用

在高职英语新授课堂中，应用费曼教学法可显著提高学生的学习效果。这一教学方法不仅有助于培养学生的听、说、读、写能力，还能够涵盖多种课型，包括听说课、阅读课、写作课、语法课等，全面提升英语综合能力。传统的英语教学模式中，课前预习通常由学生独自完成，但存在着学生之间预习效果参差不齐和深层思考不足的问题。

为了解决这些问题，我们引入了费曼学习法，将学生分为不同层次的对子，他们共同进行课前预习。这一策略在多个层次上取得了成功，首先，通过同伴的协助，学生能够更好地理解和消化课程内容。其次，与同伴一起学习也激发了学生的学习兴趣和积极性，使他们更加专注于学习任务。最重要的是，学生之间的互动促进了深度思考和知识理解，有助于打破知识的表面层次，提高了学习的质量。

在课后总结阶段，我们鼓励学生自己对所学内容进行总结。这一步骤的目的是增强知识的提取和长时记忆能力。通过自主总结，学生能够将课堂上学到的知识重新整理并归纳，进一步巩固所学内容。这种自主总结也有助于学生培养批判性思维和问题解决能力，因为他们需要深入思考如何将知识应用于实际情境中。

此外，在课后总结的合作分工中，我们采用了低层次和高层次学生的分工。低层次学生担任讲解者的角色，他们需要将自己理解的知识以简单明了的方式传达给同伴。这有助于他们加深对知识的理解，因为要用简单的语言解释复杂的概念通常需要更深入的思考。与此同时，高层次的学生负责提

出问题和疑惑,这有助于促进知识的深入思考和讨论。通过这种互动,学生不仅能够更好地理解知识,还能够培养团队合作和沟通能力。

综上所述,应用费曼教学法在高职英语新授课堂中是一种非常有效的教学策略。它不仅有助于提高学生的学习效果,还能够全面培养他们的听、说、读、写能力,并促进深度思考和知识的长期记忆。这一方法的成功经验表明,教师应该积极探索创新的教学方法,以更好地满足学生的学习需求和提高他们的学术水平。

二、费曼学习法在高职英语习题课堂中的运用

在高职英语习题课堂中,将费曼学习法与分层教学结合起来,可以极大地提高学生的知识掌握能力,为他们的英语学习经验增色不少。这个教学方法的应用有两个主要方式:一是同伴交流和小组合作,二是多媒体投影手段。它们各自都在不同层面上为学生的学习提供了强力支持。

首先,让我们深入了解同伴交流和小组合作的方式。在这个模式下,学生扮演着老师的角色,积极地交流答题思路,并记录下彼此的分歧。同时,教师也扮演了关键的引导者和解答者的角色,解答学生们的疑惑,并提出具有引导性和拓展性的问题,帮助他们深入理解和掌握所学内容。这种互动式的学习方式不仅提高了学生的课堂参与度,还培养了他们的自主学习能力,使他们能够主动思考和解决问题,这对于长期的知识积累至关重要。

其次,多媒体投影方式也为费曼学习法的应用提供了更多可能性。在这个模式中,学生有机会讲解自己的作业,与同伴分享并讨论,提出疑惑并共同寻找解决方案。特别在作文修正方面,这种方式表现出色,因为学生可以清晰地看到彼此的写作技巧和问题,从而更有针对性地提出建议和改进意见。通过这种多媒体投影方式,学生不仅能够互相学习,还能够更深入地理解语言和写作的要领。

总体而言,将费曼学习法与分层教学相结合,为高职英语习题课堂带来了显著的好处。这种教学方法不仅提高了课堂的互动性和参与度,还培养了学生的自主学习能力。通过模拟老师、同伴交流以及多媒体投影等方式,学生能够更好地理解和掌握英语知识,检视和提升自己的英语水平。这种教学方法为学生提供了更全面的学习经验，帮助他们更好地准备未来的英语学习和职业发展。因此，它在高职英语教育中的应用具有重要意义，值得进一步推广和研究。

三、费曼学习法在高职英语课下学习中的运用

费曼学习法在教育领域中已经被广泛认可，并且可以通过一系列有计划的活动来引导学生运用这一方法。教师在这个过程中扮演着关键角色，通过布置作业或开展特定的教学活动，可以引导学生运用费曼学习法进行小组合作。这不仅仅是关于回答问题，更是关于学生展示自己的解题思路，从而创造一个充满积极学习氛围的环境。

在这个过程中，不同水平的学生都能够受益匪浅。学困生更容易请教问题，因为他们知道他们的提问不仅仅会得到教师的回答，还会得到同学的帮助。学优生则更积极地向同学讲解自己的解题思路，这有助于他们更深入地理解知识，并巩固自己的学习成果。

教师可以设置不同的话题，让学生进行小型学术研讨。教师可将他们分成不同的平行小组，这样每个小组都有机会深入研究特定的课题，从而培养他们的独立思考和问题解决能力。学生在研究结束后，各研究小组可以在课堂上展示他们的成果，并进一步得到教师的反馈和指导。

此外，每月可以举行一次"我是小老师"的活动，鼓励学生分享他们认可的研究成果。这不仅有助于学生建立自信心，还增强了他们在课堂上的参与感。这种积极参与有助于创造一个互动丰富的学习环境，激发学生的学习兴趣。

引入费曼学习法不仅有助于教师以学生为中心的教育理念，还能够发挥学生主观能动性。这有助于培养学生的知识掌握能力和合作交流能力。然而，教师在实施时应合理分层，根据学生的水平和需求积极引导他们使用费曼学习法，以促进个体的发展。

第二节 高职英语教学中的移动学习法

一、高职英语教学中移动学习理论解读

"移动学习是 E-learning 技术和移动技术发展结合的产物。"[1] 移动学习是一种新兴发展中的学习模式，其应该包含一系列特征：自然发生的、个性化的、非正式的、真实情境化的、有前后联系的、便携的、无处不在的（任何地方都可以进行）和渗透的（与日常活动交织在一起，很难察觉）。它将我们的注意力吸引到移动性上，不仅仅是关注可移动这一特性，而且也关注移动带来的效果，这种效果应该包含对学生的时间和地界跨越的重新划分。

作为一种教育活动，移动学习只有在所用技术具有充分移动性，以及技术使用者在学习时也具有移动性的情况下才具有意义。这一观点突出了学习的移动性和"移动学习"这一术语的意义。对移动学习进行定义或概括时，要着重强调学生的移动性和学习的移动性，以及学生基于移动设备的学习经历。因此，"移动学习"这一定义包含"移动"和"学习"两个核心概念：一方面，"移动"是指技术在物理环境中或学生在教学机构的学习活动中所起的作用。另一方面，它也指学习过程中的各种活动，即学生利用技术实施的学习行为；同时也可以指学生在利用移动技术于移动学习时，对自身所具有的高度移动性的态度。

本书认为在信息时代下，移动学习应界定为：移动学习是学生依据数字化学习方式，借助移动互联网技术和各种便携式移动学习设备（如智能手机、IPAD、笔记本电脑等），随时随地进行的可进行互动的学习方式。简而言之，移动学习是一种有别于传统学习模式（基于纸质材料和固定场所）的新型学习方式。换言之，移动学习首先必须要有信息技术作为基础支撑。因为移动学生需要在可移动或可携带的移动学习设备上开展学习活动。其次，移动学习是可移动的学习方式。由于移动学生不受预定时间和固定空间的限制，所以可随时随地发生学习活动。最后，移动学习是一种互动学习方式。这种互动包括人机互动、学生和教师的互动、学生与其他学生之间的互动。

---

[1] 谭宗燕. 基于移动学习的大学英语课程设计研究 [M]. 长春：吉林出版集团股份有限公司，2020：1.

(一) 移动学习的理论支撑

移动学习与新型学习理论息息相关，如非正式学习、情境认知学习、境脉学习、经验学习和活动学习等。这些理论为移动学习提供了坚实的理论基础，同时移动学习也为这些理论提供了实际应用的技术手段和方法。这种紧密的互动使得学习变得更加灵活和个性化，推动了教育领域的创新和进步。通过移动学习，学生可以根据自己的需求和环境随时随地获取知识，从而更好地适应现代社会的快速变化和复杂挑战。

1. 非正式学习理论

非正式学习是一种非传统的学习方式，强调知识获取来自直接交互和丰富的暗示信息，而不仅限于课堂内容。它突出了学习的泛在性和人际交流本质，将学习从严格的教育环境中解放出来，使之成为生活的一部分。

在非正式学习中，学生可以从各种各样的活动中获得知识和技能。这包括从做中学，即通过实际操作和体验来获取新的见解和技巧。同时，玩中学也是非正式学习的一种重要方式，因为玩耍和娱乐活动可以激发创造性思维和问题解决能力。游戏中学则强调了通过游戏和竞争来学习的过程，这种方式可以培养团队合作和竞争意识。

非正式学习的一个关键概念是，知识和技能不仅仅来自教授和专业导师，还来自同学和伙伴之间的互相学习和交流。在大学期间，学生们常常通过小组讨论、共同研究项目和交流互助来丰富彼此的学习经验。这种协作学习不仅加强了理解和记忆，还促进了批判性思维和问题解决能力的发展。

在现代社会中，社会性学习活动如讲座、讨论和社交交往占据主导地位。非正式学习理论为移动学习提供了理论基础，使人们能够通过移动设备随时随地获取知识。这种灵活性和便捷性使非正式学习更具吸引力。

当前，非正式学习占知识总量的 75% 以上。这意味着我们可以通过积极组织非正式活动、鼓励知识交流、支持实践团体活动和参与对话等方式来分析与促进非正式学习。通过社交媒体、在线论坛和社区活动，我们可以促进知识的传播和共享。此外，组织非正式学习活动，如研讨会和工作坊等，也可以为人们提供一些互动学习的机会。

非正式学习广泛地存在着，它满足了大部分学习需要——达到个体在工作中学习需要的70%左右。非正式学习与实践的需要密切相关，使人获得很多能够立即应用到实践当中的知识和技能，所以非正式学习在如何胜任工作方面发挥着关键性的作用，并收到明显的经济效益。非正式学习的学习目的可以是不确定的，根据学习目的是否确定和学习过程中是否察觉到自己的学习，可以将非正式学习划分为三种形式，见表2-1。

表2-1 非正式学习的分类

分类	学习目的目的是否确定	学习过程中是否意识到学习的发生
自主学习	是	是
偶然学习	否	是
社会化学习	否	否

学习是人类认知和知识积累的核心活动之一，可以被划分为多种不同类型，其中包括自主学习、偶然学习和社会化学习。这些类型之间的主要区别在于学习的目的以及学生的意识程度。让我们深入探讨这些关键点，以更全面地理解学习的多样性和复杂性。

首先，自主学习是指个体有意识地追求知识和技能的过程。在这种情况下，学生通常具备明确的学习目标，并采取主动的行动来实现这些目标。他们可能会选择阅读书籍、参加培训课程、观看教育视频或进行实验性学习，以满足自己的需求。自主学习的特点是学生对自己的学习过程有高度的控制和意识。

其次，偶然学习通常发生在非计划的情况下，学生并没有明确的学习意图。这种学习类型可能发生在日常生活中，当一个人在不经意间获取新的信息或技能时，就会以这种方式展开学习，吸纳知识。例如，当一个人在互联网上冲浪时，可能会偶然发现一篇有趣的文章或视频，从中获得新的知识。偶然学习的特点是它并不受学生的主观控制，通常是一种意外的、非计划的学习体验。

最后，社会化学习是通过与他人互动和交流来获取知识和技能的过程。这种学习类型强调了社交互动的重要性，学生通过与他人分享经验、讨论问题和合作解决任务来获得新的见解。社会化学习可以发生在教育机构、工作场所、社交媒体等各种环境中。学生在社会化学习中需要具备良好的人际沟通和合作能力，以便有效地参与知识交流和共享过程。

需要注意的是，这些不同类型的学习并不是严格分隔的，它们之间存在一定的过渡性。正式学习和非正式学习之间也没有明确的边界，而是取决于教育环境和学习的组织程度。正式学习通常发生在结构化的教育环境中，如学校、大学和培训课程，而非正式学习更倾向于发生在非正式的环境中，如工作场所、家庭或社区。然而，在现实生活中，这两者之间的界限可能会模糊，因为学习机会可以在各种情境下出现。

非正式学习在今天的教育和职业领域中扮演着越来越重要的角色。这种学习类型要求学生具备更高的主动性、应变能力、知识管理能力、人际品质和感悟能力。非正式学习理论强调了学生的自主性和学习的个体性。学生不再仅仅依赖于传统的教育机构，他们可以通过各种方式来获取知识和技能，包括在线学习、社交媒体、自我学习和实践经验等。这种自主性和多样性使学生能够更好地适应不断变化的社会和职业要求。

与此同时，非正式学习也支持了移动学习的可行性。移动学习利用移动设备（如智能手机和平板电脑等）来进行学习活动，为学生提供了随时随地获取信息和互相沟通的便利。在非正式学习中，学生可以利用移动设备进行内容存取、互相沟通、娱乐、工作和学习。智能手机在此方面表现出色，它们不仅具备高度的便携性，还提供了丰富的应用程序和资源，以支持各种学习活动。

总之，学习是一个多样化和复杂的过程，可以分为自主学习、偶然学习和社会化学习。这些学习类型之间存在交叉和过渡，正式学习和非正式学习也没有明确的分界线。非正式学习要求学生具备更高的自主性和适应性，而移动学习提供了便捷的工具和资源来支持这种学习方式。在现代社会中，理解和利用不同类型的学习对个体的职业发展和生活充实都具有重要意义。

2. 情境认知学习理论

20世纪90年代以来，情境认知与学习理论已经成为学习理论领域的主流，融合了多个学科的研究，超越了传统的心理学情境观。这一理论的核心思想是社会建构主义，它认为学生是"认知学徒"，并强调了隐性知识的学习和外部环境在学习过程中的重要性。情境认知与学习理论的兴起标志着一种新的教育理念的崭露头角，它鼓励学生通过实际活动和社会互动来构建知识和身份。

然而,尽管情境认知与学习理论强调了学习的社会性和实践性,一些学习活动如野外考察和调查研究在组织和成本方面仍然存在一定的难题。这些活动需要大量资源和时间来安排,因此不容易在传统的教育环境中广泛实施。这也引发了一个问题,即如何将情境认知与学习理论的理念与现实教育场景相结合,以更好地满足学生的学习需求。

幸运的是,移动通信技术的迅猛发展为解决这一问题提供了新的可能性。这些技术为情境认知与学习理论提供了理论基础,因为它们可以有效地支持学生在实际活动中构建知识和身份。通过移动设备和互联网连接,学生可以更容易地访问外部资源和信息,与同学和教师进行在线互动,并参与虚拟实验和模拟活动。这不仅提高了学习活动的质量,还降低了成本和时间开销,使更多的学生能够受益于情境认知与学习理论的教育方法。

情境认知理论将知识视为一种工具,它强调学习发生在实践和社会互动中。这意味着教育应该更加注重学生在真实情境中的学习经验,而不仅仅是课堂内的书本知识。外部学习环境对学习至关重要,因此教师应该努力提供具有挑战性的任务和真实情境,以激发学生的学习兴趣和积极性。此外,教师还应该为学生创造互动机会,促进他们之间的合作和交流,这有助于知识的共建和社会建构。教师的角色也需要从传统的知识传授者转变为学习的指导者和支架,他们应该鼓励学生积极参与学习过程,并提供必要的支持和反馈,以帮助学生不断提高。

在情境认知与学习理论的框架下,隐性知识的学习也变得至关重要。这种知识通常不容易通过书本或课堂教育来传授,而是通过实际经验和参与社会活动来获取。教师应该认识到隐性知识的价值,并设计学习活动,以促进学生的隐性知识的积累和运用。这有助于学生在现实生活中更好地应对复杂的问题和挑战。

另外,情境认知与学习理论还强调了学生的自信心和学习动机的重要性。通过提供真实情境和活动,教师可以帮助学生建立自信心,因为他们能够在实践中应用所学知识。此外,学生在社会互动中获得的积极反馈和支持也可以激发他们的学习动机,使他们更有动力去追求知识和技能的提高。

情境认知与学习理论的主要观点如下:

（1）知识具有情境性，学生需要在情境中获得和应用知识。知识，这无边无际的宝库，远不只是课堂里教材的片段，它融入了我们的日常生活，隐藏在社交圈子的交谈中，在广袤的网络中等待发掘，在多彩的社会环境里展现多姿多彩。然而，知识并非独立存在，它与情境紧密交织在一起，形成了学习的核心。学习，实际上是一场与环境互动的过程。简单地从书本获取知识虽然有用，但却不足以塑造出真正卓越的学习效果。在这里，情境学习崭露头角，强调将知识与情境无缝结合，以充分释放知识的力量。这种学习方式有别于被动地获取信息，而是强调知识的主动应用，远离了那种产生惰性知识的陷阱。在知识与情境性的光辉背后，我们发现了一个重要的真理：学习是一个深刻的互动过程，是与周围世界的密切连接。它是在实际情境中构建的，而不仅仅是理论的抽象。因此，要想获得持久且有深度的知识，学生需要积极参与他们所处的情境。这就意味着，教育应该超越传统的教室教育，走向更为广泛的社交圈子、现实生活情境以及虚拟网络，将学习嵌入到各种不同的经验中。

（2）学生最好在真实活动和文化背景中学习。最佳的学习之旅，应该发生在真实活动和文化背景的沐浴之中。所谓真实活动，指的是与学生日常生活和工作环境相契合的学习体验。这远远超越了那种只在校园中进行的抽象活动。真实活动意味着学生能够在现实生活情境中积极参与，应用他们所学的知识。这种学习方式更具体、更有深度，因为它反映了真实世界中的挑战和机会。

然而，要实现真实活动的学习，我们还必须考虑文化背景的影响。文化是我们生活的基础，它包含了价值观、信仰、传统和社会规范，这些因素都会影响我们对知识的获取和应用方式。因此，学生需要适应并融入社会已存在的文化类型，以更好地理解和运用知识。这不仅是为了适应，更是为了与他人更好地互动和沟通。

在真实活动情境中，学生逐渐形成了新的看待世界和解决问题的方式，这些方式更贴近其所处的特定社会文化。这意味着学习不仅仅是获取信息，而是塑造思维方式和行为模式的过程。这也是为什么真实活动和文化背景如此关键，因为它们共同塑造了学生的认知和行为，使他们成为适应多样性和挑战的有能力的个体。

(3)通过写作与互动学习效果更佳。情境学习,作为一种创新教育方法,旨在塑造学习过程的核心特点是促进社会互动和实际应用。与传统教学模式不同,情境学习坚决摒弃了对静态教材的依赖,而将学生置于一个充满互动和实践的环境中。

在情境学习中,学生主动参与小组和团队合作,积极与专家和同伴进行互动。这种社会互动被认为是情境学习最大的学习媒介,因为它鼓励学生从不同角度思考问题,分享观点和经验,从而促进知识的共享和构建。传统教学通常侧重于教师传授知识,而情境学习则鼓励学生自主构建知识,通过多元思考和讨论来深化对主题的理解。

在协作式情境学习中,学生可能会产生不同的理解和观点。然而,这并不是问题,反而被视为一个机会。通过争论和交流,认知冲突得以引发,从而促使学生更深入地思考和理解知识。这种认知冲突有助于打破旧有的观念,激发新的思考方式,为学生提供更全面的视角。

另一个情境学习的关键要素是小组协作和任务分派。这种方法有助于降低单个学生的认知负担,通过共同分担任务,学生能够更好地理解和应用知识。同时,小组合作还有助于促进共同学习和实现共同的学习目标。学生在团队中扮演不同的角色,互相支持和补充,从而提高了整体学习效果。

3. 境脉学习理论

境脉学习是一个多方面涵盖的概念,它不仅仅关注了教育学,还涉及了生理学、心理学、认知科学、语言学、社会学和文化学等多个领域。它可以被视为学习环境与学情的结合,或者更具体而言,是学情分析的一部分。境脉学习的核心思想是,学习不仅仅发生在学生的头脑中,还受到周围环境的影响,因此需要综合考虑与学习相关的各种信息。

在境脉学习中,信息被分为三个主要类别:环境境脉、用户境脉和计算境脉。

首先,环境境脉包括了来自学习环境的各种数据,例如传感器数据、环境参数和物体识别信息等。这些信息可以帮助我们了解学生所处的物理环境,包括温度、光线、声音等因素,这些都可能对学习产生影响。此外,环境境脉还可以提供关于学习场所的信息,例如图书馆、实验室或户外环境等,这些信息也可能对学生的行为和学习效果产生影响。

其次，用户境脉涵盖了学生个体特征和行为的信息。这包括学生的位置、行为、生理数据、个人兴趣等。通过监测这些信息，我们可以更好地了解学生的学习习惯和偏好，从而提供个性化的学习支持。例如，如果一个学生在早上更容易集中注意力，那么学习系统可以相应地调整学习内容的推送时间。

最后，计算境脉涉及计算机性能和网络状态等信息。这对于确保学习系统的稳定性和可用性至关重要。如果学生所使用的设备性能较低或网络连接不稳定，学习体验可能会受到影响，因此需要监测和管理这些计算境脉信息。

境脉学习理论强调学生的内部世界与外部信息之间建立有意义联系的重要性。这意味着学习不仅仅是被动接受外部信息，而是一个动态的过程，涉及学生自身的记忆、经验、动机和反应。学生在不断地将新信息与已有的知识和经验相结合，以便更好地理解和应用所学内容。因此，境脉学习理论强调了个体差异和学生的主动参与。

在移动学习中，记录和分析学生的学习行为变得更加容易。传统教育中，要记录学生的学习行为和阅读书籍习惯相对困难，但在移动学习环境中，可以方便地跟踪学生的在线活动。通过分析学生的学习行为、访问的网站和内容，教师可以更好地了解他们的知识结构和学习习惯。这些数据还可以用于评估学生的进展和制订个性化的教育计划。

适应性服务是移动学习系统的一个重要特征。这些系统利用境脉信息为学生提供个性化的学习支持，这包括境脉感知，即系统对学习环境和学生行为的感知能力。通过识别学生所处的环境和他们的学习行为，系统可以更好地适应他们的需求。适应性内容传递是指系统根据学生的兴趣、学习风格和进度，提供相关的学习材料和任务。内容编码变化则是确保学习内容能够适应不同的学习环境和设备，以提供一致的学习体验。

另外，境脉学习理论和移动学习技术相互促进，推动了教育领域的创新。境脉学习理论为移动学习提供了理论基础，帮助教育研究者和开发者更好地理解学习过程和学生的需求。同时，移动学习技术为境脉学习理论的应用提供了技术支持，使其成为现实。这种相互作用使教育领域能够更好地满足学生的需求，提供个性化和高效的学习体验。

总之，境脉学习是一个涵盖多个学科领域的综合概念，它强调了学习与环境之间的互动关系，并提供了许多机会来改进教育和学习体验。通过记录和分析境脉信息，提供适应性服务，以及将境脉学习理论与移动学习技术相结合，我们可以更好地理解和支持学生，从而实现更有效移动学习。

4. 经验学习理论

学习是人类生活中不可或缺的一部分，它是获取知识和适应环境的主要方式之一。大卫·库伯提出了一种深刻的经验学习理论，该理论强调了经验在学习中的关键作用，将学习过程分为四个重要方面，即适应和学习的过程、知识的连续构成与再构成、主观和客观形态的经验改造，以及知识的性质与学习的相互依存。这些关键点对于我们理解学习过程的本质，以及如何在不断变化的世界中获取和应用知识至关重要。

库伯的经验学习理论包含四个循环步骤，构成了学习的核心：抽象概念、活动实验、具体经验和反思观察。这一过程也可以被简化为"思考、活动、反思、理解"。这个循环过程使学生能够不断地获取、验证、应用和反思知识，从而构建他们自己的理解体系。

学习的起点是个体的经验，这些经验可以是直接的，也可以是间接的。这些经验为学生提供了一个基础，使他们能够与新知识建立联系。然后，学习的下一步是反思，这是对经验进行回顾、整理和归类的过程。通过反思，学生能够更深入地理解他们的经验，并将它们与现有的知识框架相结合。最后，理论化阶段将反思的结果与理论知识相结合，进一步系统化和理论化。这个阶段有助于将个人经验融入更广泛的知识体系中。

然而，学习的最终阶段是行动，用于检验知识是否能够应用和巩固。行动是学习的关键，因为只有在实际应用中，知识才会得以验证和加深理解。如果在行动中出现新问题或挑战，学习循环将重新开始，从而不断地改进和完善知识。

经验学习具有一些重要的特点，这些特点有助于我们更好地理解学习的本质。第一，学习是一个不断变化的过程，学生随着时间和经验的积累不断发展和演变。第二，学习是以经验为基础的连续性，新的经验不断地与旧的经验相互关联和影响，构建出更复杂的知识结构。第三，学习涉及适应环境的矛盾解决，学生不断地调整他们的认知和行为以适应新的情境和挑战。

第四，学习是个体与环境的互动过程，个体通过与环境互动来构建他们的知识和理解。第五，学习应是一个知识生产过程，学生通过不断地整合、验证和应用知识来创造新的见解和解决方案。第六，经验学习强调抽象思考与实践活动的重要性，学生需要将理论知识与实际行动相结合，以实现真正的学习。

学习是一个连续的、螺旋式循环的过程，学生不断地整理、分析、应用和反思知识，构建自己的理解体系。这个过程是动态的，允许学生不断地适应新的情境和挑战，不断地提高他们的知识和技能。

经验学习强调学生与环境的相互作用，这一点对于移动学习尤为重要。移动学习应提供一个平台，使学生能够方便地分享和交流他们的经验。这可以通过在线讨论、社交媒体和协作工具来实现，这些工具可以促进学生之间的互动和知识共享。通过移动学习技术，学生可以方便、及时地获取所需知识和信息，从而激发学习兴趣并提高学习效果。移动学习还可以通过个性化的学习路径和资源推荐来满足不同学生的需求，使学习更加灵活和有效。

总之，大卫·库伯的经验学习理论强调了经验在学习中的关键作用，以及学习是一个不断变化的、连续性的、个体与环境互动的过程。这一理论提供了一个有力的框架，帮助我们理解学习的本质，并指导我们如何更好地设计和实施教育和培训。通过移动学习技术，我们可以更好地支持学生的经验学习过程，提供更灵活、个性化和高效的学习机会，从而帮助学生更好地适应现代社会中不断变化的知识和技能需求。库伯的经验学习理论为教育领域提供了一个有力的理论基础，同时也为个人和组织提供了一种更有效的学习方法。通过深入理解经验学习的核心原理，我们能够更好地引导学生，帮助他们不断发展并应对不断变化的挑战。移动学习技术的应用进一步增强了经验学习的可行性和效果，为学生提供了更多灵活的学习机会，有望在未来继续推动教育和培训领域的发展。经验学习理论告诉我们，学习是一个持续的、动态的过程，它塑造着我们的认知、技能和行为，使我们能够更好地适应不断变化的世界。因此，我们应该积极探索和应用这一理论，以促进个体和社会的发展和进步。

(二) 移动学习的基本特性

移动学习作为一种新型学习方式，侧重于学生的"学"，弱化教师的"教"，其以学生的学习兴趣和学生的学习需求为学习活动开展的出发点，教师只是起到帮助和辅导的作用。移动学习是网络教育进一步发展延伸的结果，除了继承其丰富性、便捷性、及时性、网络性等特征外，还具备自身的独特性。

第一，移动学习环境的移动性。移动学习已经改变了传统学习方式，最显著的是它消除了地点和时间的限制。现在，学生可以随时随地进行学习，利用碎片化时间来获取知识和技能。无论是在公交车上、咖啡馆里还是家里的沙发上，学生都可以轻松地访问学习资源。这种灵活性使得学习不再局限于课堂或特定地点，让知识变得更加普及和便捷。

第二，移动学习环境的虚拟性。移动学习的虚拟性质使得学习从物理空间解放出来。学生和教师之间不再需要面对面的接触，而是可以在虚拟环境中交流和协作。学生可以根据自己的需求和兴趣选择在线课程，并与来自世界各地的互动伙伴分享学习经验。这种虚拟性为教育提供了更广泛的可能性，使得知识变得更具包容性和全球性。

第三，学习活动的自主性。移动学习鼓励学生扮演更为主动的角色。学生可以自主选择学习内容，掌握学习进度，并制订个性化的学习计划。这种自主性强调了以学生为主体的教育理念，使得学习更具灵活性和个性化，有助于满足不同学生的需求和目标。

第四，学习活动的交互性。移动学习提供了多种交互工具，丰富了学习体验。学生可以与教师和同学进行实时互动，分享观点和问题，并共同解决难题。此外，学生还可以与计算机程序互动，进行模拟实验或互动式练习，以更好地理解和应用知识。这种交互性强化了学习的互动性，有助于深化理解和记忆。

第五，学习内容的情境性。移动学习通过多感官形式呈现知识，将学习内容融入不同情境中。视频、音频、图像和虚拟现实等多种媒体形式丰富了学习资源，帮助学生更好地理解和应用知识。情境性学习可以增加学习的吸引力和记忆效果，使学习更加生动和有趣。

第六，学习内容的丰富性。互联网为学生提供了丰富的学习资源，涵盖了多种学科和领域。学生可以根据自己的需求和兴趣自由选择学习内容，无需受到地理位置或学校课程的限制。这种丰富性为学生提供了更多的选择和机会，使他们能够追求自己的学术兴趣和职业目标。

综上所述，移动学习环境的移动性、虚拟性、自主性、交互性、情境性和丰富性共同构成了现代教育的新兴范式。这些特点为学生提供了更大的灵活性、自由度和机会，有助于推动教育的创新和进步。随着技术的不断发展和应用，移动学习将继续改变我们的学习方式，为更多人提供高质量的教育机会。

(三) 移动学习的技术环境

1. 无线网络技术

首先，移动学习的特点是能够随时随地进行学习，而无线网络技术正是确保这种灵活性的基础。在现代社会中，人们的学习时间和地点都变得更加分散和多样化。无论是在家中、咖啡馆、公共交通工具上还是旅行中，高职学生都可能需要访问学习资源。无线网络技术通过提供广泛的覆盖和便捷的网络接入，确保了学习资源在不同时间和地点都能及时有效地提供，无需受到地理位置的限制。这使得学生能够根据自己的时间表和需求自由学习，大大提高了学习的自由度和可访问性。

其次，无线网络技术还将学生、学习资源和学习环境有机融合在一起，为移动学习提供了关键的技术支持。学生可以通过移动设备（如智能手机、平板电脑和笔记本电脑）随时随地访问在线课程、学习资料和教育应用程序。这种无缝的连接使得学生能够与教育内容互动，与教师和其他学生进行实时交流，并且在不同的学习场景中保持连贯性。无线网络技术的发展还推动了虚拟现实和增强现实等创新教育技术的应用，进一步丰富了移动学习的体验。

总之，无线网络技术已经成为现代移动学习的不可或缺的一部分，通过确保学习资源的便捷访问和学习环境的无缝连接，提升了学习的便利性和效率，为学生提供了更多的学习选择和机会。

2.网格技术

网格技术在移动学习中也扮演着关键的角色,特别是在面对异构系统资源共享和协作学习的挑战时。以下是网格技术在移动学习中的重要作用:

首先,移动学习将移动通信技术和数字化学习相结合,但不同设备和平台之间存在着互操作性和资源共享的问题。网格计算技术通过提供一种统一的资源管理和分配机制,使不同系统和设备能够协同工作,共享计算和存储资源,从而更好地支持移动学习应用。

其次,传统的网格技术已经演变成全球范围内的分布计算环境基础设施。这意味着学生可以访问来自不同地理位置的计算资源,从而充分利用全球化的学习机会。这种全球资源汇聚的能力为移动学习提供了更多可能性,特别是对于需要处理大规模数据和复杂计算任务的学习应用。

最后,网格的核心元素包括资源共享和交往规则,旨在将分散的计算机组织成虚拟超级计算机,实现资源全面共享。这个概念可以扩展到移动学习中,学生可以共享学习资源、课程内容和学术合作等,促进更多的协作学习和知识分享。

3.移动计算技术

移动计算是一种新型的技术,它使得计算机或其他信息设备在没有与固定的物理连接设备相连的情况下能够传输数据。移动计算的作用在于使有用、准确、及时的信息与中央信息系统相互作用,分担中央信息系统的计算压力,使有用、准确、及时的信息提供给在任何时间、任何地点需要它的任何用户。

(1)无线网络技术。无线网络在企业和校园中提高工作和学习效率方面具有着至关重要的作用。现代社会日益依赖于高效的通信技术,而无线网络正是满足这一需求的关键驱动力之一。

第一,无线局域网(WLAN)是一种重要的无线通信形式,特别适用于人口密集区域,如大学校园。它为用户提供了廉价、方便的高速接入,有助于提高学生和员工的工作效率。移动学习常依赖于无线广域网,因为它提供了便捷低成本的接入方式,但需要有接入点(Access Point)支持来覆盖整个区域。

第二,无线广域网(WWAN)是另一种无线通信形式,它的覆盖范围更广泛，适用于校园、社区和城市范围的移动学习。无线广域网利用蜂窝网络和卫星技术，使学习资源随时随地都可以访问，不受地理位置的限制。这种形式的无线通信为学生和员工提供了更大的灵活性，使他们能够在不同的环境中学习和工作。

第三，无线个人区域网络（WPAN）是一种适用于小区域连接的无线通信形式，常用蓝牙技术。无线个人区域网络的成本低、功耗低，非常适合个人移动学习环境。它可以用于连接个人数字助手（PDA）和个人电脑（PC），使用户能够方便地访问和下载学习资源。这种形式的无线通信提供了更加个性化的学习体验，使学生可以根据自己的需求进行学习。

（2）射频技术。射频技术是指使用无线电信号进行通信的技术，它已经成为现代通信的核心。常见于移动电话、收音机和无线数据网络，射频技术通过利用特定的频谱部分来传输信息，使得人们可以随时随地进行语音通话、数据传输和互联网浏览。这种技术的发展使得我们可以享受到全球范围内的通信连接，无论是在城市还是偏远地区。

（3）激光和红外技术。激光和红外技术扩展了无线通信的范围。激光技术，也被称为无线光通信，已经被广泛用于建筑物之间的网络通信。其稳定性和易于安装的特点使其成为一种非常有吸引力的选择，特别是在城市中，建筑物之间的网络连接变得更加容易和可靠。激光和红外技术的发展，为解决建筑物内部和之间的通信问题提供了新的可能性。

（4）蓝牙技术。蓝牙技术是一项短距离无线连接技术，它已经广泛应用于替代电子设备上的电缆连接。蓝牙技术的便捷性使其在办公室、家庭和旅途中创造了无线连接的便利。通过蓝牙，我们可以连接键盘、鼠标、耳机、音响和其他设备，形成个人微型网络。这种无线连接不仅提高了工作效率，还为多媒体学习和娱乐带来了更多可能性。

（5）Wi-Fi 技术。Wi-Fi 已经成为无线局域网的标准，具备了大范围传输、高安全性和低门槛的特点。用户只需具备 Wi-Fi 设备或插入无线网络卡即可轻松上网，这一便利性推动了各种实时信息传输的需求，也对移动学习（M-learning）的发展产生积极促进作用。在今天的数字时代，Wi-Fi 几乎无处不在，为人们提供了无缝连接的可能性，使他们能够在家、办公室、咖啡馆等各种场所轻松访问互联网。

4. 移动通信技术

移动通信技术的飞速进展，从1G到5G，正在为移动学习领域带来革命性的改变。这一连串的技术演进，特别是5G技术的崭露头角，为学生和教师提供了前所未有的便利和机会，让移动学习变得更加便捷、高效。

首先，5G技术以其卓越的网络性能为移动学习带来了飞跃。其高速的上网速度和卓越的数据传输能力，使学生能够在几乎任何地方迅速连接到互联网，无需担心网络拥塞或速度缓慢的问题。这为他们提供了即时获取学习资源、参与在线课程和与教育平台互动的机会。

其次，5G技术的支持下，学习资料的下载速度大幅提升。无论是教材、视频课程还是学习应用程序，都可以在瞬间下载到移动设备，学生不再需要等待漫长的下载过程，可以更加高效地利用宝贵的学习时间。

而多媒体通信方面，5G技术的低延迟和高带宽使得高清视频会议和互动学习变得更加顺畅。学生可以轻松参与虚拟教室、与教师和同学实时互动，仿佛身临其境。这种实时互动不仅提高了学习的质量，还促进了学生与教师之间以及学生与学生之间的交流和合作。

总之，5G技术的引入彻底改变了移动学习的面貌。它为学生提供了更多选择和自由，让他们可以随时随地获取教育资源，并与世界各地的教师和同学建立联系。随着5G技术不断发展和普及，移动学习将进一步普及，成为教育领域不可或缺的一部分，为更广泛的知识传播和学习提供更多可能性。

5. 嵌入式技术系统

嵌入式技术系统具有独特的设计和功能，旨在满足各种应用系统的需求，这些需求涵盖了功能性、可靠性、成本效益、体积和功耗等多个方面。在移动学习领域，终端设备被归类为嵌入式系统的一种，其硬件和操作系统构成了移动学习系统的关键技术基础。为了成功开发适用于这些终端设备的学习软件，必须充分考虑嵌入式系统的硬件和软件特性。

首先，硬件方面，嵌入式系统通常具有精简的硬件配置，以满足成本、体积和功耗的限制。这就要求在设计移动学习应用时要充分优化资源使用，确保在有限的硬件资源下实现所需的功能。这可能涉及使用专门的处理器架构或者采用低功耗组件，以确保终端设备的长时间使用和稳定性。

其次，嵌入式系统的操作系统也需要精心选择和定制。不同的终端设备可能使用不同的操作系统，例如 Android、iOS 或者专门为特定设备开发的自定义操作系统。开发者需要深入了解这些操作系统的特性，以便充分利用其功能并确保软件的兼容性和稳定性。

此外，开发移动学习软件还需要考虑用户界面设计、交互性能、安全性和数据管理等方面的问题。用户界面应该友好易用，以促进学习体验，同时确保在资源有限的环境下保持高效的性能。安全性也至关重要，特别是考虑到敏感的学习数据和个人信息。数据管理方面，开发者需要考虑如何有效地存储和同步学习内容，以确保用户可以随时随地访问所需的信息。

综上所述，嵌入式技术系统在移动学习中扮演着关键的角色。开发移动学习系统需要深入理解嵌入式系统的硬件和软件特性，以充分利用其优势并解决潜在的挑战。只有在充分考虑了这些因素的情况下，才能开发出功能强大、可靠稳定的移动学习应用，满足用户的需求并提升教育体验。

6. 移动数据库技术

移动数据库是一种在支持移动计算环境的分布式数据库系统，也被称为嵌入式移动数据库系统。它在众多嵌入式设备中广泛应用，包括掌上电脑、车载设备和移动电话等。这些数据库系统的设计目标是为了在资源受限的嵌入式环境中提供高效的数据管理和存储解决方案。在实际应用中，移动数据库的用途非常广泛，以下是一些主要应用领域：

（1）数据库信息存取：移动用户可以通过前端嵌入式数据库工具与网络数据库服务器进行通信。他们可以提交查询请求，并将查询结果缓存或复制到嵌入式数据库中，以便在没有网络连接时进行本地管理。这对于需要频繁访问数据的应用非常有用，因为它减少了对网络的依赖。

（2）场地内或场地间的移动应用：移动用户常常需要在特定场地内移动，同时与基地服务器保持联系。这种情况下，移动数据库用于管理各种信息，如存货清单、车间管理等。例如，在仓储管理中，移动用户可以随时更新库存信息，而这些信息会实时同步到中央数据库，以便全局监控和管理。

（3）基于 GPS 和 GLS 的应用：利用卫星传输的地图信息或位置信息，各种位置信息和环境数据可以保存在移动数据库中。这对于地理信息系统（GIS）等应用非常关键，因为它们需要存储和管理大量地理数据。移动数据库可以支持位置相关的查询和分析,从而为地理信息管理提供了强大的工具。

(4) 现场审计和检查:移动用户在进行审计、检查、监督等工作时,需要连接到被检查者的信息数据库,并进行必要的更新。这类应用包括出租车检查、财务审计、施工监督等。移动数据库允许审查人员在现场进行实时数据记录和处理,确保数据的及时性和准确性。

在嵌入式设备的移动学习系统中,嵌入式移动数据库也扮演着关键的角色。它在以下方面提供支持:①在协作学习中,学生可以通过移动设备将学习材料、笔记和作业提交到服务器数据库。这使得学生可以随时随地访问和共享学习资源,促进了协作和信息共享。②在移动答疑过程中,学生可以使用移动数据库查询相关资料,获取问题的解答。这提供了即时的学习支持,帮助学生更好地理解和应用知识。③教育信息采集是另一个关键领域,移动数据库可用于收集学生的学术表现数据、出勤记录和课程反馈。这些数据可以用于教育评估和改进课程设计。④数据传输和同步也是移动学习系统中的一个重要问题。学生可以使用移动数据库将他们的学习进度和数据与中央服务器同步,以确保数据的一致性和可访问性。移动数据库支持学生在不同设备上的无缝切换和数据同步。

综上所述,移动数据库在各种应用领域发挥着关键作用,从移动计算到嵌入式设备和移动学习系统。它们为移动环境提供了可靠的数据管理和存储解决方案,为用户提供了更好的体验和效率。

7. 语音识别软件

美国微软公司已经成功地开发并销售了一款革命性的新型语音输入软件,该软件已经成为未来计算机和电话的标准配置之一。这项创新的技术允许用户通过自然的英语语音命令来操控他们的手机和掌上电脑,不再需要烦琐的菜单导航或者拼凑复杂的键盘快捷键。

与其他语音识别技术不同的是,这款软件让用户完全摆脱了事先存储控制命令的麻烦。只需在使用时自然表达需求,系统就能够迅速而准确地理解并执行指令。这种直观的操作方式不仅提高了用户体验,还降低了技术使用的门槛。

在移动通信设备中加入这一语音输入功能,不仅让日常生活变得更加便捷，还有助于推广移动学习。用户不再需要费力地打字，只需口头表达即可完成搜索、学习和沟通。这一特性不仅吸引了更多的用户，也拓宽了教育的范围，促进了终身教育、教育民主化和个性化学习的发展。

此外，语音输入的引入使那些不懂计算机操作的用户能够轻松获取和处理移动互联网上的信息，为数字化社会的普及提供了更多可能性。美国微软公司的新型语音输入软件不仅改变了我们与技术互动的方式，还为未来的科技应用和教育模式带来了巨大的潜力，让我们更便捷地探索知识的海洋。

（四）移动学习的资源建设

"移动学习资源分为广义的移动学习资源和狭义的移动学习资源。其中，广义的移动学习资源是指，学生利用便携的移动终端设备能够随时随地通过网络下载或离线下载而获取的学习资源及学习服务。狭义的移动学习资源是指根据学习目标、学生特征分析等教学设计前期分析，选取恰当的教学策略，并对学习内容进行分析，进而设计出能够支持开展移动学习活动的数字化信息及其对应服务。"[①]

1.移动学习资源的类型划分

移动学习资源是指移动学习过程中所使用的各种资源。移动学习常见的学习资源形式有三种：一是短信形式，这种形式的学习资源信息量小且内容简洁，有字数限制，形式也比较单一，主要是以有限的文字来传递学习内容与信息等；二是以网页浏览的方式获取学习资源，与网络学习资源相类似，不同的是移动学习中此类资源是通过移动学习终端获取并显示；三是移动学习终端支持可以独立离线存放并显示的学习资源，如传递教学信息的文本文件、视音频、动画以及移动教育游戏等各种学习素材与课件。随着移动通信技术和移动学习终端的不断发展，会涌现出各种各样的移动学习资源，使得学生在开展移动学习时有更多选择。

2.移动学习资源的基本特点

移动学习资源和网络学习资源都是数字化学习的一部分，它们在某些方面存在交集，但也各自具备独特特点。移动学习资源融合了移动学习的独

---

① 栾岚.移动学习理论及其在大学英语教学中的应用研究[M].哈尔滨：哈尔滨工程大学出版社，2017：54.

有特性,这是它们的显著不同之处,这两种资源类型都支持随时随地学习,为学生提供了极大的便利性。然而,它们在获取和呈现工具方面有所不同。网络学习资源通常依赖于互联网连接和电脑等设备,而移动学习资源更专注于移动设备,如智能手机和平板电脑,以满足学生在移动环境下的需求。这种差异使移动学习资源更加灵活和适应性强,因为它们能够利用移动设备的便捷性和互动性。而网络学习资源则更适用于需要更大屏幕或更复杂功能的学习场景。为帮助学生实现随时随地地学习,移动学习资源也有其自身的特点。

(1)内容简洁明了。移动学习资源的内容应当简明扼要,避免冗余信息,以满足学生的零碎时间和多变学习环境的需求。学习资源的简洁性意味着能够将知识传达得更加明确和高效。学生通常会在碎片化的时间段内进行学习,例如在通勤途中或等待时间,因此资源的简明性可以使他们更好地利用这些时间,不受冗长内容的束缚。

(2)媒体短小精悍。移动学习资源的媒体应当精炼紧凑,避免过大的文件或多媒体元素,以便学生能够快速获取内容,并减少对网络和设备的高要求。大型媒体文件可能导致下载时间过长或无法在低带宽环境下播放,这将严重影响学习体验。因此,资源的紧凑性可以确保学生能够顺畅地获取所需信息,而不受技术限制的阻碍。

(3)个性化学习。移动学习资源应当充分考虑学生的个性化需求,允许他们选择适合自己兴趣和知识结构的学习内容和呈现方式。每个学生都有自己的学习风格和目标,因此资源应该具备灵活性,以便满足不同学生的需求。通过提供个性化选项,学习资源可以更好地满足学生的期望,增强他们的参与度和动力。

(4)交互的及时性。移动学习资源应具备及时的交互性,以支持学生与同学和教师之间的互动。这种互动可以帮助解决学习中遇到的问题,并促进学生之间的合作与讨论。同时,学习资源还应提供网络渠道,以便学生能够随时获取所需信息。及时的交互性可以提高学习资源的实用性和互动性,使学习过程更加丰富和有趣。

3.移动学习资源的开发途径

(1)根据目标群体有针对性地开发学习资源。移动学习的最大特点之一是它的时间和空间不确定性。学生可能随时随地进行学习，因此我们必须将目标群体导向放在首要位置。这意味着我们需要深入了解不同学生的需求，以开发有针对性的学习资源。这种个性化的方法有助于减少学习干扰，提高学习效果。我们需要先进行详细的需求分析，了解目标群体的特点、兴趣和学习习惯。这可以通过调查、焦点小组讨论和用户反馈来实现。一旦我们了解了学生的需求，就可以开始开发定制的学习资源。这些资源可以包括适应不同学习风格和速度的教材，以及具有灵活性的学习路径。通过将目标群体的需求置于首位，我们可以确保学习资源在移动学习环境中的有效性，并为学生提供更好的体验。

（2）分割学习内容。分割学习内容是提高学习效果的关键步骤之一。虽然移动学习可以随时随地进行，但学生的时间和注意力有限。因此，我们需要将学习内容分割成零散但有系统构架的部分，帮助学生逐步学习，同时保持内容的系统性。分割学习内容的过程需要细致的计划和组织。首先，我们可以将大的主题或课程分解成更小的单元或模块。每个模块应该具有清晰的学习目标和相关的学习材料。这些模块可以按照逻辑顺序排列，以确保学生可以逐步建立知识体系。在移动学习环境中，学生可能会分散注意力，因此每个模块的长度应该适中，以便在短时间内完成。同时，模块之间应该有清晰的连接，以帮助学生理解它们之间的关系。通过分割学习内容，我们可以提供更具吸引力和易于消化的学习体验。

（3）简化内容，多样形式。在移动设备上呈现学习内容时，我们必须考虑到有限的屏幕空间和处理能力。因此，简化内容和采用多种形式呈现是非常重要的，这可以帮助减少视觉疲劳，提高学习效果。首先，我们需要精炼学习材料，确保其简洁明了。不必要的复杂性和冗长的文字应该被剔除，以使学习内容更加易于理解。同时，我们可以利用图像、图表和图形等可视化元素来补充文本信息，以提供更生动和直观的学习体验。其次，我们要考虑因素是多样性。学生有不同的学习风格和偏好，因此我们应该提供多种形式的学习资源。这包括视频、音频、互动模拟和测验等多样化的学习工具。通过提供多样形式的内容，我们可以满足不同学生的需求，提高他们的参与度和学习成效。

（4）多感官学习，减少输入。通过利用多感官激活学习状态，教师就可提高学生的参与度和记忆力。与此同时,我们还可以减少键盘输入,从而改善学生的体验。多感官学习涉及多种感官,包括视觉、听觉、触觉等。例如,我们可以使用视频来展示复杂的概念,同时提供口头解释。互动模拟可以让学生亲自参与,增强他们的理解和记忆。触摸屏设备可以支持手势操作,使学习更加互动和有趣。减少键盘输入是另一个重要的方面。虽然移动设备通常配备了虚拟键盘,但键盘输入在小屏幕上可能会不太方便。因此,我们可以采用语音识别技术、自动填充和预测文本等方法,以减轻学生的输入负担。通过多感官学习和减少输入,教师就可提高学生在移动学习环境中的舒适度和效率。

(5)短小文本课件,多级关联。移动学习的特点之一是学生经常处于繁忙的情况下,因此需要将学习材料设计成短小易读的文本课件。这样的课件不仅有助于学生迅速获取所需信息,还减少了在移动设备上阅读长篇文字时的不便。为了设计短小易读的文本课件,教师可从以下原则加以展开:

1)简洁明了。文本应该简洁明了,避免冗长的句子和复杂的术语。教师应使用清晰的语言和具体的例子来传达信息。

2)分章节阅读。将文本分成短小的章节或段落,每个章节应集中讨论一个特定的主题或概念。这有助于学生更容易理解和吸收信息。

3)添加多级链接菜单。为了方便学生阅读和查询,可以添加多级链接菜单。这些菜单可以帮助学生快速导航到他们感兴趣的部分,而不必浏览整个文本。

4)多媒体补充。除了文本,还可以使用图像、图表、视频和音频等多媒体元素来丰富课件。这些元素可以更生动地呈现信息,提高学生的参与度。

通过设计短小易读的文本课件,并提供多级链接菜单和多媒体补充,教师就可提高学生在移动学习环境中的学习效率和满意度。

(6)统一设计规格,促进资源再利用。在移动学习环境中,学习资源可能需要在不同的设备和平台上使用,因此需要确保这些资源具有一致的设计规格,以促进资源的再利用。统一设计规格包括内容、范式和认证格式等方面。首先,内容应该按照统一的结构和格式进行设计,以确保在不同平台上的一致性呈现。这可以通过使用通用的标准和模板来实现。其次,范式(教育方法和策略）应该与设计规格一致。这意味着不同的学习资源应该遵循相似的教育原则，以确保学习效果的一致性。例如，可以采用相似的互动模式和评估方法。最后，认证格式也应该是统一的，以确保学习资源可以在不同平台上被正确认证和识别。这可以提高资源的可见性，并鼓励更多的教育机构和学生使用这些资源。

总之，通过遵循统一的设计规格，我们可以促进移动学习资源的再利用，提高资源的可见性和可访问性。这有助于构建更具效益和可持续性的移动学习生态系统。

（五）移动学习的应用模式

移动学习的典型框架一般分为表示层、业务逻辑层及数据服务层。表示层位于客户端，是学生与学习资源交互的界面，负责显示本地离线资源以及从服务器端获取到的学习资源，并接收用户输入的数据；业务逻辑层处于服务器端，负责接收来自表示层的应用请求，并对请求进行业务逻辑处理，根据业务逻辑处理的结果连接到数据库抓取相应的数据，最后对数据进行分析、处理，并将结果返回给表示层；数据服务层同样处于服务器端，为业务逻辑层提供数据。基于移动学习的框架，移动学习环境下学生学习的模式可以分为基于离线资源的学习模式、基于短信服务的学习模式和基于在线资源的学习模式。

1. 基于离线资源的移动学习

移动学习的一个重要方面是基于离线资源的学习。在某些情况下，网络连接可能受到限制，这时离线学习就显得尤为重要。学生可以轻松地下载所需的学习资源到他们的移动设备上，这样他们就可以在没有网络连接的情况下随时随地学习。这种方式使学习更具灵活性，学生可以充分利用零碎时间来积累知识。

2. 基于短信服务的移动学习

移动学习不仅仅是关于在线课程和应用程序，还包括了基于短信服务的学习方式。这种方式允许学生通过短信与其他学生、教师以及学习服务器进行互动。最大的优势之一是它消除了时间和地点的限制。学生可以随时随地通过短信获取信息、提问问题和参与讨论，这种便捷性有助于提高学习的互动性和参与度。

3.基于在线资源的移动学习

基于在线资源的移动学习利用了无线网络技术，使学生能够在线浏览课程内容、下载学习资源以及与其他学生和教师进行互动。这种方式强调了移动性和便携性，学生可以自由选择学习的时间和地点。在线资源还提供了更多的多媒体元素，如视频、音频和互动模拟等，这些可以提高学习效果和吸引力。

二、高职英语教学中移动学习法的运用

作为一种基于信息时代而产生的新型学习平台，移动学习模式开始出现并一跃成为获得一致好评的代表性模式，在很大程度上激发了高职学生的学习动力，提升了高职学生的自主学习能力。"移动学习是指学生通过手机、平板电脑等移动设备和无线通信网络获取学习信息、资源和服务的学习方式。"[①] 移动学习已经成为高职学生自主学习英语的重要方式，其在高职英语教学中的应用具体如下：

（一）整合移动学习资源，提升学生学习兴趣

目前使用互联网、计算机、手机、多媒体等设备进行学习的学生有很多，但主动寻找资源进行英语学习的却很少。"鉴于此，在移动学习的应用过程中，教师要进一步整合移动学习资源，将课堂教学与英语移动学习相结合。"[②] 例如，教师在资源建设中，应积极善用互联网资源，不断更新和改进自己的教学材料。这有助于保持教育内容的新鲜感和现代性，让学生更容易跟上时代的步伐。移动学习的设备通常拥有较小的屏幕，因此，教师在设计教学内容时应注意，避免要求学生长时间盯着屏幕，以减少他们的视觉疲劳感。这可以通过将学习内容分解成多个简短的模块来实现，包括文字、图片、视频等多媒体元素，以吸引学生的注意力，提高他们的学习效率。这种模块化的教学方法不仅有助于学生更好地理解和记忆信息，还能够增加他们

---

① 郭鋆.移动学习环境下高职学生英语学习策略调查[J].河南医学高等专科学校学报，2022，34(3)：352.
② 陈矫.移动学习在高职英语教学中的应用[J].课程教育研究，2019(19)：109.

的参与度和兴趣，从而提高学习的效果。

(二) 构建混合式教学活动，整合学习的时间

在教育领域，混合式教学已经成为一种创新的方法，有助于学生更有效地学习和理解课程内容。这一方法将传统的面对面教学与现代科技融为一体，使学习过程更加灵活和有趣。

首先，在课前阶段，教师可以借助移动设备启动头脑风暴活动，这是为了分析学生已有的知识水平，并在课程开始前帮助他们进行预习。这种方法可以让教师更好地了解每个学生的需求和潜力，以便为他们提供个性化的支持。通过移动设备，教师可以轻松地收集学生的观点和想法，从而更好地准备课程内容，以满足他们的需求。

其次，在课中，教师应重点介绍课程中的难点知识，并解答学生的疑惑。同时，教师可以充分利用多媒体和互联网设备，以提供词汇、语法、口语和写作方面的练习。这种互动和探究的方法可以激发学生的兴趣，让他们更积极地参与课堂活动。通过移动设备，学生可以轻松地访问在线资源，与同学互动，并在课堂上积极参与讨论。这种互动性和灵活性有助于提高学生的学习成效。

最后，在课后阶段，教师可以布置作业和任务拓展，让学生通过移动设备进行练习。此外，教师可以提供在线疑问解答，以帮助学生总结和应用他们在课堂上学到的知识。这种延续性的学习方式可以加深学生的理解，并确保他们能够持续提高自己的英语水平。通过移动设备，学生可以随时随地获得教师的支持或访问相关资源，从而更好地完成作业和任务。

(三) 开发听说读写模块，助力学生能力提升

英语学习的听说读写是四项核心技能，对于提高学生的英语能力至关重要。在这方面，教师可以利用移动学习和多平台整合英语学习的方法，为学生提供更多机会来提高这些技能。

首先，在提高听说能力方面，教师可以利用移动设备提供英语视频教学、美景展示和电影片段鉴赏等资源。这些资源不仅能够提高学生的视听能力，还可以让他们更好地理解英语的真实用法和发音。通过在碎片化时间内

观看这些资源,学生可以有效地提高他们的听说技能,而不必局限于课堂时间。

其次,在英语写作方面,教师可以引导学生积累写作素材,构思文章框架,并通过网络共享和互动来提高写作能力。这种方法有助于学生更好地理解写作过程,并逐步提高他们的写作技巧。通过移动设备,学生可以随时记录他们的想法和素材,并与教师和同学进行在线交流和反馈。这种互动和合作有助于学生在写作方面实现综合能力的提升。

第三节 高职英语教学中的体验学习法

体验式学习[①]模式于20世纪80年代提出,后得到了迅猛发展,并对我国教学工作产生着重要的影响。在现代社会下,将体验式学习和网络相结合能够提高教学的有效性与多样性。高职英语体验式学习模式是英语教学改革与发展的产物,也是一种新型的英语教学方式。

体验式学习通过关注学生英语学习的动机,使学生在学习中获得一种心理和情感上的体验,并扩大积极情感在体验学习中的作用范围,从而提高教学与学习效果。体验式学习需要教师根据学生的认知特点进行教学情境设计,从而呈现与还原教学的内容。学生在体验过程中建构知识,发展自己的能力,产生情感,最终生成意义。体验式学习尊重学生对知识的获得过程,体现出教学的人文性。学生在体验式学习过程中并不是简单地获得知识,而是更加关注对经验的总结与反思,因此带有实践性与思考性。

一、高职英语教学中体验学习法的特征

体验式教学主要以外部事物对学生思维的影响度为出发点,采用相关情景呈现等方法,调动其语言学习的自主性和积极性,从而达到提高英语水平的目的。具体而言,体验式学习法的特点主要包括以下方面:

第一,强调个体参与。体验式学习注重学生在做中学、在乐中学,因此

---

① 体验式学习是一种以学生为中心的学习方式,这种学习方式的开展需要通过实践与反思的结合才能获得期望的知识、技能和态度。

产生积极的情感体验成为体验式学习的重要特征。这种学习方式强调个体的参与性，注重学生情感体验的获得。因此，教师需要以此为根据设计丰富多样的教学情境，从而激发学生的学习兴趣，让学生获得愉快的学习感受。

第二，强调真实语境。体验式学习主张将学习活动置于真实的语言环境中，学生在这种场景中来感知自身角色，学习一系列与生活相关的语言知识。

第三，注重学生对经验的获得与利用。体验式学习把需要熟悉的未来场景引入学生的视线。学生通过场景的反复模拟，能够积累自己的生活与交际经验。这种知识的积累带有乐趣性，能够使学生产生积极性与主动性。

在信息技术日新月异的发展下，将大学英语教学与网络相结合也引起了众多教育工作者的关注。体验式网络学习主张以学生为中心，通过真实或虚拟事件使学生获得知识。

体验式网络学习与传统英语学习方式相比，更加重视主动经验的生成，因此是一种带有主动性的学习方式。在学习的过程中，学生可以进行人格塑造，对自己的心智和潜力也有重要的挖掘作用。通过积极有趣的体验，学生会认识到知识的重要性，并树立正确的价值观、人生观，提高自身对环境的适应能力与明辨是非的能力。

二、高职英语教学中体验学习法的模式

高职英语体验式学习模式能够通过不同的文本信息、虚拟形式、音频对话等与学生进行交流，从而丰富学生学习的体验。下面对体验式网络英语学习的设计与实施的注意点进行总结与分析：

（一）对"中介语"的借鉴

中介语理论是英国语言学家塞林克尔在20世纪70年代提出的第二语言习得理论。中介语是二语学生独特的语言系统，处于本族语和目标语的中间状态，并随着学习的不断发展而不断向目标语靠拢。首先，中介语具有系统性。每一门正式的语言都有着系统的特征。外语学生头脑中存在一种"内在大纲"，它被认为是人脑中的"认知结构系统"，这个大纲规定着一些程序，对输入的信息进行处理。中介语假说使人们有可能揭开"内在大纲"的神秘

面纱。其次，中介语具有动态性。中介语随着学生的努力和交际需要而不断变化，逐渐由母语到达外语。假设中介语为一个连续体，那么学生在某一特定阶段的中介语可以用连续体上的某一点表示。中介语的动态变化性导致它的复杂性。中介语不是直线发展的，是在尝试－犯错－纠正－犯错的循环往复之中，逐渐摆脱错误的语言使用规则而向着正确的方向转化。最后，中介语具有独立性。中介语不同于母语和外语，也不是外语来自母语的干扰而形成的混合体，因为中介语常常反映出学生运用某些规则去解释外语中固有而不规则的语言现象。

语言输入到输出间存在一个过渡。教师以适量的"强制输入"带动学生学习，并完成适量的"强制输出"，达到对"中间语"抽象规则的渗透和修改，使之向规范的目的语靠近。

(二) 网络平台的具体建设

为了使语言学习突破时空限制，弥补课堂教学不足，西方率先提出通过构建网络平台实施体验式学习。良好的英语学习网络平台的建设应该遵循以下原则：

第一，学生参与原则。教师要相信学生的自我管理能力，发动学生参与网络管理，密切关注网络构架的合理性，以便教师统筹安排。

第二，契合学生特点原则。首先，要根据学生的语言水平，提供难易度适中的材料，如果材料难度过大，学生可能对网络平台失去兴趣，从而退回虽枯燥但"安全"的路线。其次，依据学生个体差异，设置不同难度的任务，使每个人都有体验成功的机会。

第三，通畅原则。首先，平台的界面要友好，内容丰富有趣但不冗杂；其次，易于操作，以便体验者把精力和时间尽可能多地投入体验过程。

三、高职英语教学中体验学习法的运用

(一) 培养学生的学习动机

学习动机是学生参与学习的内在动力。在高职英语教学中，教师可以通过以下策略培养学生的学习动机：

第一，创设情境。教师可以创造真实的情境，如组织角色扮演活动或模拟实际场景的对话，激发学生的兴趣和好奇心。

第二，引发问题。教师可以提出问题或挑战，激发学生的思考和求知欲，让学生通过体验和探索来找到答案。

第三，设立目标。教师可以帮助学生设立明确的学习目标，让他们知道学习的重要性和意义，从而激发他们的学习动力。

(二) 创设真实的学习环境

为了让学生更好地体验英语学习，教师需要创设真实的学习环境：

第一，语言环境。教师可以通过播放英语音频、提供英语材料和组织英语角等方式，营造一个浸泡式的英语环境，让学生身临其境地感受英语语言和文化。

第二，互动环境。教师可以设计各种互动活动，如小组讨论、角色扮演和游戏等，让学生在合作与竞争中学习，增强他们的学习动力和兴趣。

第三，实践环境。教师可以组织实地考察或参观活动，让学生亲身体验英语在实际生活中的运用，加深对英语学习的认识和理解。

(三) 开展体验式学习活动

体验学习法的核心是通过实践性的学习活动来提高学生的学习效果。以下是一些体验式学习活动的例子：

第一，角色扮演。学生可以扮演不同的角色，在模拟的情境中进行对话和交流，提高口语表达能力和交际能力。

第二，项目研究。学生可以自主选择一个主题或问题进行研究，并进行调查、分析和展示，培养信息处理和表达能力。

第三，案例分析。学生可以分析真实的案例，探讨其中的问题和解决方案，培养问题解决和批判性思维能力。

(四) 评估与反馈

评估与反馈是体验学习法中不可或缺的一环。以下是一些评估与反馈的策略：

第一，多元评价。教师可采用多种评价方式，如口头表达、书面作业、小组合作等，全面了解学生的学习情况。

第二，及时反馈。教师应及时给予学生学习成果的反馈，帮助他们了解自己的优势和不足，并提出具体的改进意见。

第三，自我评价。教师应引导学生进行自我评价，让他们思考自己的学习过程和学习成果，从而提高学习的自主性和主动性。

体验学习法是一种高效的教学方法，能够激发学生的学习兴趣和动力，提高他们的学习效果。在高职英语教学中，教师可以通过培养学生的学习动机、创设真实的学习环境、开展体验式学习活动以及进行评估与反馈等策略来运用体验学习法。通过这些策略的有机结合，可以使高职英语教学更加生动有趣、实用有效，提高学生的英语能力和综合素养。

第四章 "互联网+"下的高职英语教学模式

随着"互联网+"时代的到来,传统的教学模式已不能满足现代英语教学发展的需要。互联网的融入有效地促进了高职英语教学模式的变革,也为高职英语教学带来了全新的发展。本章重点探讨高职英语数字化教学资源建设,重点对"互联网+"下英语慕课教学模式构建、英语微课教学模式构建、英语的混合式教学模式进行了详细论述。

第一节 高职英语数字化教学资源建设

随着科学技术的不断发展和进步,教育界也随之开始积极进行教学改革,对于高职英语教学而言,需要加强对数字化教学资源的建设。数字化教学资源主要指对教学资源进行数字化处理以后,能够应用在电脑或网络上的资源。概括来讲,就是针对所有教学资源进行的数字化处理。数字化教学资源是基于教育信息化而产生的,有效利用数字化教学资源不仅是每名教师的必备能力,还可以将教师的信息素养体现出来。推动数字化教学资源管理和应用的根本目的是对教学加以优化,并让师生获得协同发展。高职英语数字化教学资源建设可以从以下方面着手:

第一,严格遵守数字化教学资源的建设标准。为了确保英语资源的质量和可持续性,必须严格遵守数字化教学资源建设标准,只有遵守标准,才能推动数字课本的发展,并实现资源的共享和跨平台应用。遵守标准不仅有助于提高数字教材的质量,还能促进数字化教育在不同平台上的无缝应用。此外,英语教师需要积极配合国家和相关组织的活动,共同探究建设标准并观察资源开发情况。这有助于确保数字化教育资源符合最新的教育需求和技术趋势。通过合作和监测,可以不断改进和完善英语数字化教育资源,以更好地满足学生和教育工作者的需求，推动教育领域的发展。

第二，院校协作提高数字化教学资源的建设效率。院校之间的合作是提高英语数字化教学资源建设效率的关键一步，目前存在一些院校的数字化教学资源质量有待提高的问题。这些资源主要集中在英语课程介绍和大纲方面，缺乏课程之间的强互动性，这限制了学生的学习体验。为了解决这个问题，可以采取集中资源开发的策略，将注意力放在核心课程上，并注重互动与合作。通过这种方式，可以提高英语教育资源的科学性和数字资料的质量，使其更具吸引力和实用性。此外，这种合作还可以减少英语资源的重复开发，实现资源共享，为国家教育改善提供坚实的基础。

第三，校企合作为数字化教学资源的建设提供保障。校企合作在英语数字化教学资源建设中扮演着至关重要的角色，特别是对于高职院校而言，这种合作更是必不可少的。这一合作关系不仅有助于学校获取实际行业经验和资源，还为学生提供了更多实践机会。高职院校应积极寻求与行业企业的合作，以确保他们的英语教育资源能够与现实世界的需求相匹配。英语数字化教学资源建设是提高教育质量和效率的关键。首先，需要遵循标准，以确保资源的质量和可靠性；其次，数字课本的发展是不可或缺的一部分，它们可以提供丰富的多媒体内容和互动性，使学习变得更加生动有趣；再次，资源的共享也非常重要，学校和教育机构之间应该积极合作，共享优质资源；最后，跨平台应用能够让学生在不同设备上访问资源，增加了灵活性和可用性。

第四，将标准化同个性化相结合。英语教育资源建设需要将标准化与个性化相结合，以满足不同学校和专业的需求，这种结合可以通过以下方式来实现。一方面，针对英语教师的学习活动至关重要。可以聘请领域专家进行培训，以确保教师们具备使用英语数字化教学资源的必要技能，这样他们就能更好地准备好这些资源，使其在课堂上得以充分应用。另一方面，个性化教育资源应该根据学校和专业的特点来构建。这意味着英语资源的开发需要考虑到不同学校的独特性，以及各个专业的需求。此外，英语个性化教育资源的开发不仅可以提高灵活性，还能保持专业和地方特色，这意味着资源可以根据实际需要进行定制，同时仍然保留着与学校和英语专业相关的特定特征，以确保高职英语教育的质量和有效性。

第五，注重对手机 App 的应用，以此来增强师生互动。在高职英语教学中，手机 App 能够增强师生互动和学生参与积极性。通过手机 App，英语教师可以随时与学生互动，回答他们的问题，提供反馈，这有助于建立更紧密的师生关系，鼓励学生更加积极参与学习过程。手机 App 教学资源云平台能够激发学生的英语学习兴趣，同时解决学习能力差异。教育资源可以以多种形式呈现，包括文字、图片、音频和视频等，这使得学习更加多样化，能够满足不同学生的学习需求，从而提高了学生的学习积极性和效果。学生可以通过手机 App 与同学讨论学习问题，共享学习经验，甚至一起完成课程项目。这种合作与互动有助于培养学生的团队合作精神和社交能力。手机 App 还能够节约英语课堂时间，减轻学生学习压力。手机 App 可以用于讨论、学习方法交流、资料传递和作业管理等教育活动，学生可以在手机 App 上参与讨论，分享英语学习方法，获取教材和作业，这使得英语教育过程更加高效和便捷。

综上所述，高职院校要想构建出优质的数字化教学资源平台，就一定要采用有效的措施来解决资源建设过程中存在的一系列问题。另外，优质的数字化教学资源既能够符合学生的自主学习需求，还有助于调动他们的英语学习积极性，提升他们的学习效率和运用英语的综合能力。此外，还有利于提升高职院校的办学水平，从而为学校的发展创建良好的环境

第二节 "互联网+"下英语慕课教学模式构建

慕课（Massive Open Online Course，MOOC），即大规模在线开放课程，是指通过互联网面向所有人开放的一种网络教学课程。"在教育信息化的时代背景下，慕课受到了世界教育工作者的关注。该教育模式将互联网作为平台，实现了大规模的网络教育，实现了优势教育资源的整合，促进了教育公平的实现"[1]。慕课的出现，为高职英语教学改革带来了机遇。慕课有一个比较大的优势就是资源的免费，那些无法享受到高质量教学资源的学生就可以借助

---

[1] 王怡云. 基于慕课视角下大学英语混合教学模式的构建路径探索 [J]. 校园英语，2021 (22)：85.

慕课平台完成相应的学习，同时还可以根据自己的学习进度与学习能力制订学习计划。学习成绩好的学生可以搜索更难的资料以实现自己的进一步成长，而成绩相对不高的学生则可以通过搜索简单的资料巩固基础知识。

一、"互联网+"下英语慕课教学模式的认知

（一）英语慕课教学模式的特性与功能

相比视频公开课等其他在线教育模式，慕课教学有三方面特点：第一，慕课课程规定有严格的学习时间，课程上传完成后，学生必须准时完成章节学习及其配套的作业、考试和互评等；第二，慕课的教学资源需要精心准备，资源内容比较丰富，选择多，精心准备的资源能确保课程的顺利开展；第三，正式的考评认证机制，与其他网络教育模式不同，慕课课程的考评机制比较正规，因此可为学生提供学习成果的相关认证，具有很高的认可度。

1.慕课教学模式的特性

（1）自主性。慕课网络课程学习的全过程就是在线完成的，具体而言，就是事先录制好英语教学视频，然后上传到网络平台，学生通过搜索找到自己想要了解的那部分资源进行在线学习。此时，学生的网络在线学习是可以不接受教师指导的，具有很强的自主性，他们借助网络可以自行在慕课平台上寻找自己想要的资料，这样慕课平台就推动了学生的个性化学习，同时也有利于学生自主学习能力的提高。另外，英语慕课还有一个比较大的优势，就是可以将学生的碎片时间进行最大效率的利用。

（2）互动性。与传统课堂教学相比，英语慕课在线网络课堂教学有着突出的教学优势，因此一经推出就获得了许多学生的喜爱。英语慕课在强调学生自主学习的同时，也强调互动，因此慕课平台上会有许多的线上交互工具，如人们熟悉的留言板、问答社区等。当学生对某一知识点产生疑问时，其就可以通过线上交互工具向资源上传者或者同类知识学生提问，在获得答案之后，也可以与其一起讨论，这样学生就能更加高效地丰富自身的知识结构体系。

（3）开放性。传统课堂教学相对比较丰富，英语慕课由于依靠互联网，所以其学习资源具有很大的开放性，所有资源都是面向所有人的，只要是网

络平台上的用户都可以下载相关资源。在慕课平台上学习的入学门槛不高，只要有网络，平台上的免费资源都可以供学生学习，这为那些身处教育资源较少地方的学生提供了更多的、高质量的学习资料。学生只要热爱学习、拥有网络，就能随时随地学习。需要注意的是，学生在慕课平台上下载学习资源时是一个知识的消费者，而当其向平台上传资源时就成了知识的生产者。可见，从本质上而言，慕课确实是一个比较开放的学习平台，所有学生都可以在上面获取、整理及分享知识，它满足了人们在信息时代与知识时代的双重需求。

（4）大规模。慕课是一种网络教学模式，在网络教育平台上有着大规模的特征，这种大规模主要体现在三个方面：第一，参与课程的学生数量比较多；第二，由于用户可以随时随地上传数据，因此平台数据量颇大；第三，参与慕课课程建设的院校及教学团队较多。传统课堂的场所就是学校的教室，教学场所固定、有限制，这就对参与教学的人数有了限制，但在慕课在线网络课堂上学生的人数是不会被限制的，只要有网络，全世界范围内的人都可以在相应的网络平台上进行英语选课学习。慕课能为学生提供海量的学习资源，它包括社会科学知识，也包括理科知识，能为不同专业的学生提供学习指导。

2.慕课教学模式的功能

（1）根据学生慕课学习情况，适当调整课堂教学内容。慕课的一大特点就是允许学生根据自己的实际情况制订英语学习计划。具体而言，可以在三个方面做出改变：第一，英语教师要关注学生在慕课课堂上的表现，对于学生在课堂上提出的问题要能够给予及时解答；第二，英语教师要主动展开调研工作，总结学生在英语学习过程中遇到的问题，找到解决之策，从而在后续教学过程中对不同的问题给予适当强化；第三、在慕课课堂上，学生的作业评价主要是通过其同伴来实现的，但学生一般都非常希望教师能给予自己合理的评价，因此英语教师应该在以后的慕课教学中多给予学生作业适当的评价。

（2）依托国际慕课，激励学生学好英语。语言障碍一直都是学生无法较好地完成慕课学习的原因。所以，英语教师应该抓住解决这一问题的机会，鼓励学生积极学习国际慕课，这样学生的英语学习环境才会有所改善，其英语水平也会有质的提高，更会激发其学习英语的兴趣。

（3）根据慕课课程需要，适当调整英语课程体系。每个院校可根据自身发展以及学生对慕课学习的热情状况，设置"大学通用英语＋大学英语后续课程"的课程体系。

（二）英语慕课教学模式中的视频设计

MOOC 视频是英语慕课教学模式中最重要的学习资源。其设计和制作可以遵循以下环节：

1. 单元教学目标设计

具体而明确的英语教学目标有助于准确有效的学习评价，根据加涅的学习结果分类和布鲁姆的教学目标分类理论，先判断学习结果的类型、学习要求的层次，选择合适的动词，根据 ABCD 法描述每个单元的教学目标：学习对象（Audience）在何种条件下（Condition）的学习行为（Behavior）达到何种程度（Degree）。不同的学习结果可采用不同动词进行描述，学习结果可以分为三类：言语信息、智力技能和情感态度。

2. 拍摄并且制作脚本

需要拍摄的 MOOC 视频可能是包含教师形象的视频，也可能是计算机操作过程的屏幕录制视频，还可能是设备仪器的操作演示过程。这些视频在拍摄前都应有相应的设计脚本。

（1）电影脚本式。一种理想的脚本设计方法是，按照英语教学设计的过程，设计本单元各知识点的教学顺序和呈现的媒体（文本、图像、动画、视频等），并编写类似电影拍摄的脚本，见表 4-1。

表 4-1 认知类教学目标的分类及描述

布鲁姆教学目标分类	加涅学习结果分类	ABCD 法的动词选择
认知学习领域	言语信息	remember（记忆）：tell（说出）、list（列出）、describe（描述）、name（命名）、repeat（重复）、recall（回想）、identify（识别）等

布鲁姆教学目标分类	加涅学习结果分类	ABCD 法的动词选择
认知学习领域	智力技能	understand（理解）:change（改变）、explain（解释）、restate（重述）、find（找出）、describe（描述）、define（定义）、compare（比较）等 apply（应用）:practice（练习）、employ（采用）、demonstrate（演示）、show（展示）、report（报告）、classify（分类）、put in order（排序）等 analyze（分析）:distinguish（区分）、focus（聚焦）、survey（综述）、compare（比较）、contrast（对比）、investigate（调查）、solve（解决）等 evaluate（评估）:judge（判断）、select（选择）、decide（决定）、debate（辩论）、justify（证明）、recommend（推荐）、verify（验证）、measure（测量）、test（测试）等 create（创新）:design（设计）、construct（构建）、invent（发明）、imagine（想象）、compose（组合）、predict（预测）、organize（组织）、plan（规划）、set up（建设）、improve（优化）等

（2）演示文稿式。电影脚本的方式过于复杂和耗时，实际上很多优秀的 MOOC 也并没有设计标准的影视制作脚本。目前比较流行的方式是每一个 MOOC 视频制作成一个演示文稿，演示文稿的内容尽可能地接近视频成品的内容。MOOC 视频中内容的逻辑体现在演示文稿中幻灯片的顺序以及幻灯片中元素动画的顺序上。每张幻灯片的内容为要展示给观众的视觉内容，声音内容为教师讲解的语音。这样的演示文稿看起来更像是英语教师上课的课件，但比教学课件要求更高。其优点体现在以下方面：

第一，内容逻辑顺序要更加严谨，文字表述准确、精练。

第二，根据内容的需要，需要收集本讲视频内容相关的图片、视频、文献等资料，使单元内容丰富多彩，图片质量高，无版权争议。

第三，演示文稿中可能需要添加实景的视频内容（如交换机的安装等），还可能需要制作成矢量动画（如计算机缓存的原理等）。需要将视频或动画插入幻灯片中，如果视频或动画没有制作完成，就可以在幻灯片中说明"此处播放×××视频（动画）"。

第四，幻灯片中元素（如文字、图片、表格、图表等）的动画要精心设计，着重通过动画帮助观众理解重难点。

第五，讲解的文字或其他说明可以放在演示文稿的幻灯片的备注中。

这样制作出来的演示文稿可以用于课程视频拍摄和制作，也可发布在平台中作为学生快速学习的教学课件。有了这样的演示文稿，其在教师出镜录制视频时可以直接作为视频录制的内容出现；也可以作为教师讲解的内容，虽然不直接出现，但可以作为教师讲课过程的思路提示；同时也可作为后期制作的主要内容来源。

3. 视频拍摄方案分析

视频拍摄前，英语教师和拍摄团队应共同讨论拍摄方案，包括拍摄的场景物件布置、教师的服装风格、场景风格等。在英语教师出镜视频拍摄时，一般应注意如下事项：首先，着装要求。服装尽量避免反光材料，服装上面最好无斑点、条纹等元素，并尽量避免与背景的颜色相同，不宜过于运动和休闲，除非课程内容需要营造休闲和运动风。其次，拍摄时的肢体语言。动作幅度不宜过大，如果出现错误或者忘词，则保持原姿势不动，暂停3秒后继续讲解，出错内容应重新讲解一遍。如为教师一人讲解，则眼睛要注视主机位；如为多人授课（如访谈等形式），则至少在开始和结束时应注视镜头。如果担心忘词，可以将要说的话全部写出来，制作成演示文稿或其他文档形式，并通过提词器显示在摄像机镜头前方，教师讲解时可以方便看到。最后，测试录制文件。在视频录制完成后，录制人员一般应立即对视频进行检查，重点检查录制是否正常，如声音是否正常、是否完整录制、教师面部的补光是否合适等。如果正常，则进入下一个视频的录制。英语教师出现在MOOC视频中的形式如下。

（1）英语教师不出镜。英语教师不出镜，但视频的声音依然由教师解说。这种视频分为多种方式：第一种为视频内容即教师制作的演示文稿播放时的录屏内容，可以根据需要再做些后期处理，如增加字幕、版权说明等；第二种为录屏内容或动画效果，可根据需要增加相关注释，总体而言，尽管教师在视频的图像中并非一直出现，但为了更具连贯性，此时画面的声音通常仍然为教师的讲解语音。因此，在录制时，教师通常需要一次性拍摄完出镜的部分和不出镜的部分。

（2）英语教师出镜。在一个MOOC短视频中，英语教师通常在片头、片尾、强调重难点、内容转场等情况下出镜。这种情况也可分为多种形式：一种是实景拍摄，教师可以在室内或室外的真实场景内拍摄，可以教师一人主讲，也可以采用多人谈话方式；另一种是教师在绿屏或蓝屏前完整讲课后，后期编辑时"抠像"再与其他内容合并。

总结上述的 MOOC 视频形式，可以认为按照视频内容的功能，一个 MOOC 视频的组成可以包括片头、本讲开头、转场、具体内容和片尾几个部分。在每个组成部分中，英语教师可以根据需要出镜或不出镜。

(三) 英语慕课教学模式创新发展重点

1. 强化过程评价，重视实际的教学效果

在慕课时代下，高职院校在课程改革过程中应注重评价方式的多样化。

(1) 重构英语课堂教学目标。慕课背景下，由于学习可以不受时间、地点限制，学生通过网络在线学习平台提升自主学习能力，实现教学目标。传统的教学课堂只是单纯地在课堂或者单一时间内把知识和技能教给学生，学生的长时记忆受到限制，不利于学生对知识和技能的消化。慕课背景下，学生可以不受时间限制，课上不理解的内容可以在线上反复学习，英语教师的互动交流也成为可能，反过来学生在线上的学习也可以拿到课堂由师生共同学习。

(2) 重构英语课堂教学实施过程。课前预习、课堂讨论、课后深化成为慕课重构课堂的新模式。新的教学模式，需要教师备课，也需要与时俱进。学生成为课堂备课的主体，不同的学生、不同的在线状态都需要备课教师的思考，课堂的讨论需要教师准备充分的资料，课后的深化同样需要教师角色的转变。所以，网络教学是新事物，也是旧事物，无论课堂模式如何变化，最终需要学生学会学习。

(3) 重构英语课堂教学评价模式。慕课背景下的英语课堂教学更加注重过程，教学过程是重点。学生的学不局限在几十分钟内，而是对知识的理解是否扎实，考察学生的理解需要更多元的方式，如可以借助网络进行日常作业，或者网络研讨等。在新的教育教学方式背景下，教师应该在传统评价机制基础上融合创新，注重过程的评价，实现最终的学习成果。

2.推动课堂改革,提升教学管理的水平

高职院校应该充分发挥优质师资,为学生提供更加优质和差异性教学服务,同时为英语教师提供最便捷的网络应用服务。第一,利用学校互联网大数据对学生的"学"进行差异性分析,为学生制定个性化教学方法,真正做到因人而异,因材施教;第二,多样化教学服务,充分利用互联网信息技术,通过学生端为学生提供更优质的教学服务、课题选择、教师选择、研究讨论等,通过个性化差异化的算法服务,真正高效有序地推进教学改革。传统课堂能容纳的学生有限,但慕课可以容纳很多学生。在传统课堂教学模式中,大规模是极大的负担;但在慕课环境下,大规模却是一种教学资源。慕课的兴起是因为其有实体课堂没有的优势,如学习没有时空限制和门槛限制、没有班级人数限制、名师授课、以学生为中心的教学模式、科学的教学设计等。因此,慕课与实体课堂各有优势和不足,两者的结合是未来教育改革的方向。

二、"互联网+"下英语慕课教学模式的实施

(一)英语慕课教学模式的实施优势

随着慕课模式的深化普及,其强调自主学习为主的教学理念在潜移默化中改变着高职院校的英语教学方式。慕课热潮的来袭有助于推动高等教育的内涵式发展,为社会培养应用型复合人才。相对于传统课堂教学模式和一般的网络课程,英语慕课教学模式的构建优势如下:

1.带来广泛、优质和模态化的教学资源

英语慕课的显著特征主要表现在三个方面:①大规模、开放性。慕课打破了常规教育的人数、时间和地域限制,学生不必严格根据课程时间安排到特定的实地课堂中接受教师传授的知识,既支持学生随时随地随身学习,又支持大批量学生同时段学习,从一定程度上有效激发了学生的学习热情和兴趣,使其能够更加积极主动地投入学习之中。②资源透明性。慕课课程的学习内容全凭学生爱好与需求自主选择,可以在特定时间段内完成学习过程、提交随堂作业、参与知识考核,而且一切的教学资源都是透明公开的,整个学习考核过程公平、公正,对所有学生一视同仁。③资源丰富性。慕课基于

全球互联网平台搭建而成，汇聚世界范围内的各类优秀教学资源，信息庞大，内容丰富，学生简单注册账号以后可以免费享用资源，足不出户就能享受世界名师的指导。

慕课课程内容打破了传统学科限制，强调知识信息的综合性、实用性和普遍适用性，从各个领域的先进理论、实用性知识到各种生活健康常识等应有尽有。同时，有效实现各个高校之间的资源互通和互补，促进顶级高校资源向普通高校的共享流动，有利于人才综合素养的提高和高等教育的整体性发展。例如，普通高校可以通过注册北大慕课平台，获取其优秀的教学资源。慕课课程的大力开发将极大地改观现有教学观念和教学模式，极大地促进应用型高校的教学水平。

慕课课程的内容通常利用视频形式体现，由相关专业的教师团队经过反复斟酌、精心研究确立而成。大多数的视频主讲教师都是知名学校的顶尖教师，雄厚的师资力量确保其课程内容设置更加合理，讲解质量更好，学生接受度更高。

慕课的课程设计有效利用模块形式，体现出各个课程的特色。把完整的知识体系按照内容分解成一批相对独立的小模块，让内容条理更加分明，且重点突出，一目了然，并借助10分钟的视频将其具体表现出来，有效集中学生的学习注意力，帮助学生更好地理解和记忆知识。

2.体现"以学生为中心"的英语教学理念

（1）兼顾不同学习能力。传统课堂教学着重强调教师的"教"，英语教师按照统一的课程内容和进度要求一对多地进行知识的讲授和传输，这种教学模式难以顾及每个学生的能力和需求。慕课则不同，学生可以自主选择与自身能力相符合的课程知识，自己安排学习计划和进程，还可以重复回放视频课程，反复学习英语知识难点和重点，进而提升学习效果。

（2）满足不同学习方式。英语慕课的学生用户可以利用特定的论坛、网站等平台，与教师和其他学生进行实时交流和互动，互帮互助，一起解决学习过程中遇到的困难和问题。同时，利用课程视频中的测试题、线上测试题、线下作业等方式检测学习效果，强化知识的理解和记忆；利用教材注释、虚拟实验室等辅助工具，随堂记录课程内容和学习心得，对需要做实验的课程进行在线模拟实验；利用教师、其他学生和自己的评价综合考虑学习结果，及时发现不足，并有针对性地修改，从而不断提高学习效果。

（3）随时随地灵活选择。传统教学方式有严格的课程安排和时间、地点规定。英语慕课完全打破了固化模式，课程时间比较灵活，且没有地域限制，学生可以根据自身需求自由规划学习时间，确保在相对良好的环境下完成英语学习。

（二）英语慕课教学模式的实施过程

1. 课前英语知识传授

（1）英语教师应选择或制作合适的课程资源。英语教师要对英语单元教学目标与学生的特征进行必要分析，然后对知识点进行解构，进而再去选择课程资源，因为这样选择的资源会比较与教学目标与内容相一致。教师设置的微视频不能太长，时间控制在5—15分钟，这样的长度非常有利于学生集中注意力。在安排学生作业时，要保证作业的难度适中，太难会打击学生的学习积极性，太容易则不利于其问题思考能力的提高。

（2）学生自主观看慕课视频。英语教师向学生提供的慕课视频都比较短，且为了检验学生的学习成果，一般都会在课程中间穿插一些小测试，这样学生就能清楚地了解自己的学习状况。此外，时间不长的短视频能时刻保证学生有着较为集中的注意力，当其遇到问题时也能进行自主思考，这样就能加深其对知识点的了解与记忆。在学习英语慕课课程时，大学生学习的地方并不固定，只要有网络，大学生就可以选择，可以是学校机房，也可以是宿舍等；慕课课程学习的时间也不是固定的，学生可以充分利用自己的时间进行英语慕课课程学习。

（3）学生自主完成随堂测试。为了巩固学生观看慕课视频的学习成果，英语教师还要为学生设计好相应的测试题，布置合理的作业。在测试部分，教师应多为学生提供一些客观题，而测试的具体施行可由大学英语课程系统完成。当结果出来后，学生就能了解到自己知识点薄弱的地方，然后通过回看视频完成知识点的再次学习。在作业部分，教师应多为学生提供一些主观题，大学英语课程系统对学生进行随机分组，组内学生之间进行互相评价，从而加深对重点知识的理解和深化。

（4）互动交流。利用英语教学平台提供的交流工具，学生不仅能够完成与本校师生的互动交流，而且能完成与外界学生的互动交流，这样学生的学习眼界得以开阔，发散性思维得以形成。教师在互动交流过程中发挥着重要作用，如教师需要发挥自身的社会临场感作用，不断提升学生的凝聚力，加强他们的归属感，这样教师与学生、学生与学生之间就能实现良好的互动，学生的学习也将会是一种快乐的学习。学生与教师进行互动，可让教师为自己答疑解惑；与其他同学进行互动，可学到其他同伴好的学习方法。

2. 课堂英语知识内化

在课堂知识内化的教学环节中，英语教师主要采用的教学方法是任务驱动。该方法的形成以建构主义教学理论为依据，特点为教学的全过程都充满了各种各样的任务，教师在其中发挥主导作用，学生发挥主体作用，这一教学方法对学生而言意义重大。

（1）教师补充讲授。英语教学平台上的视频不可能与教学目标达到一致，因此英语教师在开展慕课英语教学时，必须结合英语教学目标，对教学内容做适当补充。

（2）确定任务。英语教师不仅要考虑英语单元教学目标与重难点，还要考虑学生自主学习的能力与现状，在课前完成任务设计，任务不仅要具有挑战性，还要具有探究性。教师需要根据学生特点对其进行分组，每组人数可以控制在4—6人，组内成员一起讨论需要完成的任务。

（3）任务探究。小组内部通过对任务进行分析确立各自的任务。任务的分配与完成有两种情况：第一种情况是，如果任务所涉及的范围比较广，就可以将其进行分解，得到一些小任务，组员就可以单独负责一个任务；第二种情况是，如果任务并不好划分，那么每一位组员都可以对任务进行整体探究，然后将探究的结果整合起来即可。第二种情况不仅能体现大学生学习的主体地位，而且能培养大学生独立分析、思考与解决问题的能力。任务探究最重要的还是组内成员之间的协作探究，协作探究不仅能培养大学生的创新与批判思维，而且能提高学生的沟通能力，增强凝聚力。

（4）成果展示。在学生完成任务探究之后，还要进行成果汇报与展示，这可以在组内推举一人进行汇报，也可以每位组员轮流进行汇报，具体采用哪种方法可由各组商讨后决定。

（5）评价反馈。英语教学评价是由教师与学生共同完成的，评价内容不仅包括学生在进行英语慕课课程学习之前的自主学习情况，而且包括学生在任务探究过程中的表现等。英语慕课课程评价的结果与传统英语课堂评价结果结合起来，就能更加全面地反映学生的英语学习情况及教师的教学情况。

3.课后英语知识拓展

经过课前知识传授和课堂知识内化两个阶段的学习，学生基本上可以掌握英语基础理论知识，达到大学英语课程的基本学习目标。在通过英语教学平台上的相关技能与过关测试后，学生就会自动获得英语课程自主学习部门的相关学分。英语教师对学生的英语学习情况进行恰当点评之后，可选出比较优秀的学习成果在教学平台上向所有学生展示；还可以继续搜集更具挑战性的学习任务，鼓励学生超越自己，继续完成任务，这样学生的英语知识在得到巩固的同时也实现了拓展。

慕课的最终目的是帮助学生将学到的知识更好地运用到生活实践中，从而培养出对社会真正有用的应用型人才。实践拓展是课堂教学的延伸和拓展，可以采用的形式有学习/研究成果分享、知识/技能竞赛、社会实践体验等。成果分享主要是学生个人或团体将自己的学习感悟、研究成果等内容利用短视频、论文等形式上传到网络上供社会检验和学习。在这一知识创新和再创造过程中，学生能够不断加深对知识的理解，培养实践技能。高职英语教师可以通过开展一系列的竞赛、实验、实践等活动，将活动的优秀成果计入学分、加入学时等，激励学生积极参与慕课，从而在实践中不断提升学生的知识应用技能和创新能力。例如，可开展英语演讲比赛、英语情景剧比赛、担任兼职翻译等实践活动。

第三节 "互联网+"下英语微课教学模式构建

一、"互联网+"下英语微课教学模式的认知

"微课"是指在课堂教学的过程中，教师会把所有的注意力聚焦其中的一个知识点（如课程的重点、疑点、难点等）或者技能等专一的教学任务，并对其开展教学活动的一种方法，这种方法具有清晰的目标、强烈的导向性、教学时间较短等特征。"微课可改变传统的教师教学理念、英语教学模

式、课程教学内容等，教师将建立以学生为中心、以学生能力培养为导向的现代化教育教学目标。"①

微课的时间虽然相对而言比较短，但其组成成分比较完整，有主要部分和次要部分。其中的英语课堂教学视频是主要部分，是组成微课的重要部分，而视频的内容主要包括课堂教学过程中的难点和重点等主要内容，旨在拓展学生的思维，使得学生掌握课堂所学知识的方式变得更容易、更有效。另外，上课前的教学设计和材料课件，课中和课后的测试练习、学生反馈、教师评价等都属于微课的次要部分，这些均是促进微课得到进一步提高的辅助性教学资源，也是一个非常重要的组成部分。

只有核心部分和辅助部分按照一定的组织关系，有序、和谐地相互配合，共同构建一个半结构化、主题化的资源单元应用环境，才能使学生的课程更顺利、更有效地进行。与传统单一的教学资源相比，微课的教学资源种类更是多样，但它们既有区别，又有联系。换言之，微课是以传统教学资源为模板，对其进行一些创新和开发而形成的。

(一) 英语微课教学模式的特点

第一，主题突出，内容具体。每个课程的微课研究的主题只有一个，选择的主题要始终围绕着英语教学的具体实践，如英语突破教学难点、教育教学观点、学习策略、强调重点、教学方法等都可以作为研究的主题，同时也可以选用那些具体的、真实的问题。

第二，基层研究，趣味创作。英语微课的课程对课程开发人员的要求不高，基本上任何人都可以成为课程开发人员。此外，从课程研究与开发的目的来看，主要是帮助学生和教师紧密联系教学目标、教学内容和教学手段来完成教学。因此，创作的内容对于英语教师而言，必须是其熟悉的、有趣的、可解的问题。

第三，资源容量较小。英语微课视频的容量相对较小，其容量（包含辅助性资源）一般仅有十几兆。因此，微课视频不仅可以支持网络在线播放，还支持下载到手机上随时随地观看。因此，无论是对英语教师的在线观摩、评课，还是课后反思、研究来说，其都是极其方便的。

---

① 陈洁. 基于微课的大学英语教学策略研究 [J]. 校园英语，2022(3)：12.

第四，教学内容较少。英语微课教学的主线为片段视频，主要对课堂教学过程中的某一知识点进行重点强调。而传统的课堂教学一节课需要完成的内容有很多并且比较复杂，相对而言，微课的内容比较简单、准确，突出主题的速度快，更与教师的需求相适应。

第五，教学时间较短。英语微课的教学时间是依据学生的认知特点和规律来制定的。由于学生集中注意力的时间相对较短，微课的视频内容相对精确、简单，有着鲜明的主题。因此，其教学视频时间通常为5—8分钟。与传统教学相比，微课的教学时间确实非常短，因此也可以称之为"课例片段""微课例"。

第六，反馈及时，针对性强。英语微课的视频剪辑时间短。在短时间内开展"无学生班"活动，参与者可以及时听到他人对其教学行为的评价，并获得反馈信息。但与正常的信息反馈相比，这种听课、评课更为及时，即根据当前内容及时进行反馈。因为这是课前小组的"预演"，每个学生都可以参加。

此外，还需要注意：英语微课的分类标准不唯一，它可以对应于一种类型的微课，也可以属于两种或两种以上类型的微课组合。英语微课的类型不是固定不变的。随着现代教学理论的发展，英语教师的教学方法将不断创新，微课的类型将在教师的实践中不断完善。

（二）英语微课教学模式的条件

1.信息技术的飞速发展

信息技术已经广泛应用于各个领域，在此背景下，无线移动网络的覆盖率也在不断增加。无线移动网络能够为英语专业学生的学习提供便利。近年来，随着移动手机的不断更新和换代，学生利用移动手机进行学习成为一种必然。另外，在信息技术、网络平台、大数据、云计算、应用软件等应用技术的推动下，移动终端实现了快速联网，同时它在教学中的应用也越来越普遍，这些都为微课在英语教学中的应用和发展奠定了基础。

随着信息技术的发展，信息技术对英语教学也产生了前所未有的影响，很多高职院校也意识到信息技术在教学中的重要性，并将信息技术应用于英语教学中。同时，高职院校在利用信息技术辅助英语教学的同时，也开始重视信息技术与课程整合及信息技术与学科整合,这是教育信息化发展的必然。在当今时代,现代教育已经意识到信息化教学和人才培养模式的重要性,并利用信息化教学促进人才培养模式的改革,从而为社会输送高质量的人才。要想实现信息化教学,就应该重视信息技术与课程整合。

信息技术与高职英语教学的有效融合,有利于提高学生的学习效率,有利于提高高职英语教学的效果,更有利于实现高职英语教学的目标。微课是教育信息化发展的必然趋势,将微课应用于高职英语教学中,必能促进高职英语教学的发展。微视频是微课教学的重要载体,微课教学的实施和发展离不开现代信息技术的发展。因此,学校必须为高职英语微课教学提供必备的现代信息技术支持。现在高职网络教学设备日益完整,网络信息化体系也日益健全,这些都为高职英语微课教学的顺利实施和开展奠定了基础。

除此之外,还需要注意到,当前学生利用手机等移动设备进行自主学习的现象越来越普遍,因此在教学中教师可以鼓励和引导学生通过移动设备来观看微课视频,这样有利于促进高职英语微课教学的实施。

2. 先进的英语教学理念

随着网络信息技术在教育领域中的广泛应用,教育信息化应运而生,微课是教育信息化发展的结果,它作为一种新的教育教学理念,在英语教学中起着不可替代的作用。随着网络信息技术的迅速发展,世界各国之间的交流与互动日益频繁。世界各地的人们打破了时间和空间的限制,可以随时随地进行交流和互动。网络信息技术在教育领域中的广泛渗透改变了传统的教学模式,英语教师教学和学生学习都可以不受时间和空间的限制,学生与教师之间的交流与互动可以在线下进行,也可以通过网络信息技术在线上进行。移动化、碎片化的学习模式应运而生,这种学习模式在很大程度上促进了学生的学习。"移动化"强调的是打破时间和空间的限制,可以任意时间、任意地点进行学习;"碎片化"主要强调的是容量比较小,学习起来比较方便。这种学习方式是教育信息化发展的产物,有利于学生根据自己的学习情况自主建构知识。

英语微课具有短小精悍、目标单一、主题明确的特点。这些特点与当前提倡的移动化、碎片化学习的要求不谋而合。微课不仅容量小,所占的内存也比较少,而且能够以多种设备为载体,有利于学生随时下载、随时存储、随时学习。除此之外，微课中的微视频还有暂停功能、快进功能、快退功能、回放功能。这些功能的存在为学生学习微视频带来了很大的方便。学生可以利用这些功能反复观看微视频，将一些重点、难点、疑问等记录下来，与其他学生进行交流和讨论。同时，微课的载体设备类型众多，学生可以根据自己的情况选择合适的移动载体设备。总而言之，学生可以随时随地观看微视频，微课的产生使学生真正实现了移动化、碎片化学习。

综上所述，教育信息化是信息化时代的一种必然趋势，有利于教育教学模式的改革，有利于教育教学理念的创新，从而使教育教学模式和教育教学理念紧跟教育信息化的步伐，适应信息化时代的发展。英语微课是网络信息技术发展的产物，它需要先进的教育教学理念，只有这样，才能引领英语教学的发展。

3.学生有英语自学能力

微课要想在高职英语教学中顺利实施，还需要学生具有较高的自学能力。大部分高职学生经过多年学习都具有一定的自学能力，这为微课在高职英语教学中的顺利开展奠定了基础。微课应用于高职英语教学，是高职英语教学改革的必然结果。学生可以根据自身的学习情况和学习需要，通过微课来自主学习，获取知识。可见，学生的自学能够在很大程度上促进微课教学的发展，而微课教学的发展与应用也能够在很大程度上提高学生的自学能力，两者之间是相互作用、相辅相成的。

(三) 英语微课教学模式的设计

英语教师要适应信息时代的发展和教学模式的变化，就必须学会自主设计和制作微课，在这个过程中，需要遵守以下规则：

第一，课程开始时，英语教师应向学生做自我介绍，使他们对教师有一个基本的了解。

第二，切记微课用户是学生，所以在设计和制作时，英语教师应该考虑选择怎样的知识和表现方法，才可以让他们更容易理解。

第三，在课程开始时，英语教师应向学生明确介绍课程的评价方法，使学生在学习过程中有证据，并根据本节课的教学目标进行学习。

第四,一个微课最好只讲一个相关知识点，所以时间不能太长，要尽量短，以抓住学生注意力的最佳时间，一般要求不超过10分钟。

第五，无论讲解怎样的内容，即使很简单，也不要轻易跳过教学步骤。如果课程内容比较复杂，在必要时英语教师可以向学生提供提示性信息。

第六，为了给学生不同的活动留一个转入的空间和时间，在微课中要适当设置暂停或者给予后续活动的提示。

第七，对于一些重要的概念，教师需要让学生有一个正确的、清晰的认识，对于它的基本概念和原理都要清楚；对于一些关键技能，也要清楚地告诉学生哪些时候能用，哪些时候不能用，应该如何用，等等。

第八，只有英语教师的讲解，会使师生之间的互动减少，并且传统教学模式的缺点也会继续保留。因此，在微课程上，可以允许学生适当提问，但要对所提问题的重要性做出合理安排。这样可以增强师生之间的互动，提高学生的思维能力。

第九，英语教师不容易说清楚的部分可以用字幕补充，但是不要长篇大论，增加学生的阅读负担，只需列出相应的关键词即可。

第十，当一个课程结束后，英语教师要进行适当的总结，要达到能帮助学生梳理知识学习思路、强调知识重难点的效果。

第十一，留心学习其他领域的设计经验，从中找到可以借鉴的创意，进而找到自己的立足点，进行教学创新。

第十二，细节对课程的影响很大。英语教师处理好细节可以使整体工作看起来更加完美；反之，会降低微课程的效率。

此外，英语教师在教学过程中还要充分注意微课的细节，如鼠标不应在屏幕上晃动；字体和背景的颜色要很好地匹配；录制视频要安静、无噪音，保证学生在更好的环境中学习。

（四）英语微课教学模式的评价

英语微课教学模式的评价包括以下方面：

第一，聚焦。在英语学习过程中，对于学生能够通过自主学习解决的问题，英语教师就不需要制作微课程了；而对于那些不经过教师讲解，通过自主学习无法解决的问题（如重点、难点或者易错点等），是制作微课程的一个重要方面。

第二，简要。在传统的课堂上，虽然一堂课有40或45分钟，但学生真正专注的时间并不长。因此，要想使这种低效的教学模式有所改善，英语微课应该准确把握学生注意力集中的最佳时间段，简单、明了地总结要讲的重点和难点，以及需要重点强调的知识点，时间不得多于10分钟。

第三，清晰。微课程通常包含文字、图片、视频图像等很多形式的内容，其中包括视频内容的学术语言。要使英语学习内容清晰、完整地呈现在学生面前，达到良好的学习效果，就必须做到规范、合理、清晰。

第四，合理。技术的合理使用有助于提高学生的学习效率，但技术的滥用也会使学生的注意力有所分散，产生不良影响。因此，在技术选择上，应针对不同的课题选择合适的方法和途径，使信息技术得到合理利用。

第五，创新。对教育结果有所影响的因素有很多，如教育理念、教学模式、教学策略、运用技术等。因此，英语教师还应多角度考虑创新，使学生的学习兴趣得到激发，有助于学生对学习内容进行更有效的理解。

二、"互联网+"下英语微课教学模式的应用

(一) 英语微课教学的应用原则

1.微课教学的微而全原则

在英语微课教学中，微视频无疑占据着核心地位，但这并不意味着学生通过观看微视频就能收获学习成果，其他微课教学素材也扮演着不可或缺的角色，如微教案、微练习、微反馈等，这种"微而全"的英语微课教学才最有利于学生掌握学科知识与技能。所谓"课"，其本质就是一个教学过程的单位，"课"的开展表现出时间限制性与组织性，一般而言，"课"所实现的教学目的仅是总体教学目标的一部分，但这个教学目的对其本身而言又是完整的。微课作为"课"的形式之一，先要体现"课"的基本特征，而后再彰显自身"微"的特色，即言简意赅、重点突出。

虽然微视频是英语微课教学最为重要的组成部分，但不能简单地将二者等同起来。综观当前各种微课教学比赛，参赛作品直接被规定为教学微视频，那些在比赛中取得优异成绩的参赛者大都因为教学微视频的质量较高。不可否认，高质量的教学微视频是微课教学开展的基础，但由于教学的动态

性特征，仅有高质量的教学微视频是不够的，其无法全面满足教学活动的要求。

微课模式之所以在英语专业实践课教学中推广开来，主要是因为，与传统的教学模式相比，其不但将静态的课本教材以一种动态形式呈现出来，而且从学生注意力集中的时间出发，将冗长的教学过程浓缩为简短的教学微视频。所以，微课教学能够提高教学效率，改善教学成果。在应用微课开展英语专业实践课教学时，应当注意教学微视频配套资源的全面性，通过微练习、微反馈等帮助学生在观看教学视频后自主检测学习效果，并及时将学习情况反馈给教师。所以，作为教师，必须把微课设计得"微而全"。从这个角度来看，微课设计与传统课程设计存在相似性，即都需要从撰写教案开始，然后确定教学的目标、计划、重难点，而后开展教学实践，最后进行教学反馈。二者都体现了教学系统的完整性，只不过微课模式将教学的重要内容以微视频的形式呈现出来。

2.微课教学的适用性原则

在开展英语微课教学时，英语教师先要进行选题，针对恰当的内容设计微课，这样才能保证微课教学的效果。对于英语专业实践课教学而言，并非所有的内容都适合用微课模式讲授，教师要根据具体的教学内容，在分析重难点的基础上，确定是否实施微课模式。

根据认知负荷理论，人脑有效的认知负荷仅能保持10分钟左右，而传统的课堂教学时间较长，学生并不能有效掌握全部的教学内容，因此需要通过一定的方式把一堂课的总体学习目标具体化，从而增强学生的自信，提高他们对知识的掌握程度。所以，英语教师在设计教学微视频时要把时间控制在10—15分钟，让学生在相对舒适的状态下学习知识。至于那些包含复杂概念的教学内容，显然无法通过10—15分钟的时间展现出来，因此也就不适合以微课的模式进行授课。

例如，语法知识是英语教学的一部分，浅层的语法知识可以开展微课教学，而那些深层的语法知识，学生在理解时需要调动先前掌握的知识，并在教师的详细讲解下借助立体化的思维方式才能掌握，如动词的各种用法，这就涉及动词变位、被动语态、形容词词尾等一系列的知识点，教师需要依据学生现有的学习水平、能力、接受程度等制订教学计划，并根据课堂教学的实际情况随时调整教学进度。

微课属于一种相对程式化的教学模式，如果将复杂的语法知识生硬地设计成微课视频，很有可能对教学效果产生负面影响。基于此，在将微课模式应用于英语专业实践课教学中时，应当选择适宜的教学内容，尤其是那些在传统教学模式下收效甚微的教学内容，可以尝试制作相应的教学微视频，以微课的模式将其攻克。微课是对传统教学模式的优化，在充分肯定传统教学模式优势的基础上，教师要积极应用微课弥补传统教学模式的不足之处，增强选题的适用性，选择恰当的教学内容，让微课成为传统教学模式的最好补充。

3. 微课教学的趣味性原则

兴趣是最好的老师，学生只有在兴趣的指引下才能更高效地学习。在英语微课教学中，教师要想方设法地激发学生的学习兴趣，通过生动形象的教学微视频吸引学生的注意力，让学生在精力高度集中的状态下习得英语知识。基于微课教学模式，学生学习知识的主要来源就是教学微视频，这就要求教师花费充足的时间与精力进行微视频的制作，尤其是视频画面，一定要做到品质精良，演示效果丰富，这样才能在短短的10分钟左右完全激发出学生的学习兴趣，让学生保持充足的学习热情。为了达到这样的目的，教师必须从自身出发，提高信息素养，做到游刃有余地运用各种微课教学所必需的信息技术。总之，微课的应用为高职英语专业实践课教学注入了新的活力，原本枯燥的教学内容以微视频的形式呈现在学生面前，学生在趣味性的环境中学习英语知识与实践技能，长此以往，英语专业素养也得到了提高。

4. 微课教学的互补性原则

微课作为一种新的教学模式，对英语教学起到了辅助作用，但是也存在某些不足，如学生在观看教学微视频时遇到不懂的问题，由于视频播放的程式化，其无法随时向教师提问，而这在传统教学课堂中是可以实现的。等到观看完全部的教学微视频，学生当时想要问的问题可能已经记不清楚，这无疑影响了学习效果。这恰好说明微课教学模式与传统教学模式各有所长，二者不能孤立存在，而是要互相补充，从而促使学生的学习效果朝着积极的方向发展。

所以，英语教师可以把教学微视频当作学生课前自主学习的资源，让学生提前了解本堂课的教学内容，并整理出自己不理解的知识点。在课堂教学中，学生就自己存在的问题与教师交流，向教师请教，原本课堂教授知识的时间转化为教师为学生答疑解惑的时间。微课与传统教学模式互为补充，相互结合，英语专业实践课的教学不仅令教师满意，更让学生收获满满。

5. 微课教学的发展性原则

微课模式在高职英语专业实践课教学中的应用要想走向成熟，就必须不断发展，除了英语教师的精心设计及学生的密切配合之外，学校作为英语教学的主阵地，也要大力支持微课模式，尤其是硬件方面。为此，学校要加强对现代信息技术的引入，依托各种信息化设备为英语专业实践课教学创建多元化的多媒体教室，从而保证微课教学的顺利开展。同时，学校还要从根本上对微课模式予以肯定，由于这种新型教学组织形式与传统教学组织形式存在较大区别，所以更要鼓励英语教师勇敢尝试，鼓励学生积极参与。

综上所述，微课在英语专业实践课教学中的应用并不是一个简单的过程。微课设计要做到微而全，微课内容的选择要做到真正适合学生，微课教学环境要充满趣味性，微课模式要与传统教学模式互补，微课中要具备实践操练性的内容，同时还要时刻关注微课在英语专业实践课教学中的发展，让学生切实体会到这种模式创造出的可观学习成果。

(二) 英语微课教学的应用要点

1. 学校方面的应用

伴随着信息技术在教育领域的不断渗透，微课作为一种新兴的教学模式在各大高职院校推广开来。就当前取得的教学成果看，微课模式有着十分广阔的发展前景。过去，微课在高职英语教学中的应用表现出零散化的特点，即只有少数教师在开展某些课程时应用这一模式。如今，越来越多的教师开始将微课与自己的学科教学结合起来，微课教学模式也逐渐变得规模化、集成化与具体化。

为了进一步推动微课在英语专业实践课教学中的应用，高职院校要承担起相应的责任。首先，保证微课教学有施展的场所，也就是建设更为完善的多媒体教室，配备更为丰富的多媒体设备。其次，由于视频是微课教学的主要资源，教师需要将制作好的教学微视频上传至教学平台，学生登录账号在平台中观看，这个过程离不开网络的支持。因此，高职院校要着力建设校园网络，让学生不论身处图书馆还是自习室，都能随时观看教学微视频，学习其中的内容。最后，微课教学模式中，教学微视频的制作往往要耗费教师大量的时间与精力，如果教师将制作好的教学微视频上传至共享平台，此后其他教师讲授到相同内容时就可以借用这些视频资源，这不仅有利于减轻教师的教学压力，还能够促进教师团体之间的沟通与交流。

2. 教师方面的应用

微课应用于英语专业实践课教学，关键在于教学微视频，只有高质量的教学微视频才能促进学科教学的发展，因此英语教师必须提高对自己的要求，从而制作出精良的教学微视频。英语教师乐于在教学中应用微课是十分值得肯定的，与此同时也要意识到，长期以来我国的高职英语教学都是在传统课堂中进行的，微课模式绝不可能取代传统的课堂教学，二者必须结合起来，各自发挥优势，共同致力于英语专业实践课教学的发展。微课教学模式是在教育信息化的背景下产生的，教师能否熟练应用相关信息技术成为微课教学的重要影响因素，所以英语教师必须不断学习，从而提高自己的现代信息技术应用水平。为了弥补传统教学模式趣味性的缺失，教师要制作出有趣的教学微视频——不仅画面生动，而且配音、字幕使用得当，这就要求教师具备制作教学演示文稿（PPT）、使用录屏软件及配备声音与字幕的能力。其中，声音的配备要求英语教师对教学内容一一朗读，因为在英语专业实践课教学中英语发音格外重要。如果学生在观看教学微视频时，大脑能够接收到良好的语言刺激，在此基础上进行跟读，就能形成正确的发音，养成良好的语言习惯。

3. 学生方面的应用

不论传统教学模式还是微课教学模式，教学服务的对象都是学生，教学所要达成的目标也都是提高学生的学习效果。所以，任何一种教学模式都要注重学生的作用，为学生创造良好的教学环境，调动学生的学习积极性，这也是微课教学的应有之义。在基于微课的英语专业实践课教学中，学生更乐于在课前和课后观看教学微视频，这两个阶段的学习都没有教师的参与，因此需要学生发挥主观能动性，开展自主学习。

在英语课前预习环节中，面对未曾学过的知识点，学生要表现出精力高度集中的学习状态，有目的地观看教学微视频。视频观看完毕后，回想自己学到了哪些知识，存在哪些不懂的问题，这些问题哪些需要与同学探讨，哪些需要向教师请教。另外，为了检测自主学习成果，学生需要完成教师设置的配套练习，这样才能明确自己的学习情况。

在英语课后复习环节中，学生借助教学微视频查缺补漏，对于自己的薄弱之处多次观看教师的讲解，从而全面掌握课堂教学内容。除此之外，微课也可以在课堂教学环节应用，只不过大多数学生认为，课堂要以聆听教师的讲授为主。其实，在课堂中播放教学微视频能够调动学生参与教学活动的积极性，有利于提高学习效率。

英语教学的实践性本身就很强，英语专业实践课教学更是如此，实践课开展的目的就是促使学生在扎实掌握语言知识理论的基础上，形成语言实际运用的能力。在微课教学视频的辅助下，学生可以跟读，并反复练习相关句型，正所谓熟能生巧，大量的练习必然能够帮助学生获得许多英语实践运用的技巧。总而言之，学生必须成为一个自律的人，用良好的自主学习习惯收获更多的英语学习成果，也使微课教学体现出其存在的价值。

第四节 "互联网+"下英语的混合式教学模式

一、英语混合式教学模式的理论支撑

(一)混合式学习及未来发展趋势

混合式学习是指为达到"教"与"学"的目标和获得较好的教学效果，对所有的"教"与"学"中的组成要素进行合理选择和优化组合，使"教"与"学"的相关成本达到最优的理论与实践。为了提高学生的学习满意度，使得数字化学习和传统课堂教学相互结合和互补，优化学习资源的整合，提升学习效果，应该充分发挥课堂学习中教师的主导作用和学生的主体作用。混合式学习对所有参与者的转变潜力依赖于多种形式、复杂交互程度和不同方式的教与学之间的相互作用。混合式学习的发展趋势如下：

第一，移动混合式学习的出现。"移动和手持设备的大量应用将为混合

式学习构建丰富和有趣的应用方式。"①

第二,可视化、个体化和实践性学习将会得到强化。混合式学习环境将会提升个性化,尤其强调可视化和实践性活动。

第三,混合式学习中将由个体确定学习过程。混合式学习可以很好地培养学生对学习的责任,由学生而不是由教师和教学设计者确定混合式学习的类型和形式。同时,学生将决定他们自己的学习过程和将获得的学位。

第四,提升混合式学习的连接性、社群性和合作性。混合式学习为合作、社群构建和全球化联系开拓了新的途径,它将作为提高国际理解和欣赏的一种有效工具。

第五,提升学习的真实性和实现按需学习。混合式学习以真实性和真实世界的经验为核心,能够补充、拓展、增强和替代正式学习。在混合式学习过程中,可以更好地开展诸如在线案例学习、情境学习、角色扮演和基于问题的学习。

第六,在学习和工作之间建立连接。随着混合式学习的应用,混合式学习和正式学习之间的界限将变得非常模糊。高等教育学位教育的学分可以在工作中获得,有些甚至能够与工作绩效联系起来。

第七,学习时间的可改变性。学习时间、教学日历应用的准确性和预设性将会降低。

第八,按照一定的任务设计混合式学习课程。能够根据混合式学习的路径和选择设计课程和学习过程。

第九,教师角色发生改变。混合式学习环境中的教师或培训师将会成为导师、教练或者咨询师。

第十,形成面向混合式学习的专门领域。这样就将出现与混合式学习相关的专业或者课程,包括教学证书、学位、资源或者门户等。

(二)混合教学系统的设计技术支撑

信息技术的迅速发展为英语混合学习提供了强有力的支持,也让英语混合学习的形式更加丰富、灵活、精彩,促使混合学习突破时空限制的优点更加突出。

---

① 赵建华. 混合学习应用的理论与方法 [M]. 北京:中央广播电视大学出版社,2015:39.

1. 实时与异步交流

英语混合学习的形式丰富多样，通常包含混合在线与离线学习、混合自主学习与实时协作学习、混合结构化与非结构化学习等，实时与异步交流在混合学习中均得到了广泛应用。所谓实时交流，是指网络交流的参与者能够进行实时沟通，如实时聊天室、实时视频会议等，他们可以实时获得沟通信息。通过实时交流，教师和学生、学生和学生之间可以异地同时讨论、答疑、协作、分享，可开展混合结构化或非结构化学习。异步交流是指参与者之间的沟通是非实时的，如论坛、电子邮件等，参与沟通的双方或多方之间的信息发布与接收存在时间延迟。如果实时交流解决了教师、学生之间地理空间的限制问题，那么异步交流则解决了教师、学生之间时间差异的问题，学习资源和学习时间可以被更充分、更灵活地利用。实时与异步交流为混合学习的参与者提供了灵活的沟通方式。

（1）聊天室。聊天室又名网络聊天室，是一个支持多人同时在线交流的虚拟网络社区。在同一个聊天室的人们通过广播消息、文章、语音、视频等进行实时交谈。在聊天过程中，聊天者可以实时看到其他成员的对话，也可以随时加入他们的对话。聊天室通常有固定的谈话主题，并且会有一个或多个主持人主持讨论过程。聊天室为混合学习提供了良好的平台，有助于创设一种深度在线交互的学习方式。英语教师和学生可以在约定的时间进入聊天室，就某一个或多个话题展开讨论。每个讨论参与者可以看到在线者的名字和其他参与者发的帖子，可以提出问题，也可以即时回复其他人的问题。一般的网络通用聊天室不需要保存聊天记录，但支持混合学习的聊天室则需要保存聊天记录。通常网络学习管理系统（如 Blackboard 等）中都会提供聊天室工具。

（2）腾讯 QQ（即时通信）。腾讯 QQ（即时通信）在混合学习中应用得比较普遍，其主要原因是学生大都比较熟悉腾讯 QQ（即时通信），并且拥有自己的腾讯 QQ 账号。腾讯 QQ（即时通信）提供了群、讨论组、视频通信、微博、腾讯 QQ 空间、文件传送和电子邮件系统，可以即时与在线伙伴通信，交换彼此的观点和看法，并且提出问题或者回答问题，在集体或分组讨论、消息发布和文件传送等方面发挥着积极而重要的作用。在混合学习中，学生利用腾讯 QQ 联系其他在线学生，开展实时在线交流，并根据需要在学生之间传递和分发有关学习资料。腾讯 QQ 通信所具有的即时性和快捷性，尤其是其所具有的视频通信功能,为混合学习提供了良好支撑。腾讯 QQ(即时通信)的应用案例非常多,如华南师范大学的"华师在线",利用腾讯 QQ 视频对学生进行面试,面试时教师提出问题,由学生在限定时间内就问题进行回答。当学生参与某一课程的学习时,他们通常采用讨论组的形式建立群,彼此之间通过腾讯 QQ 互通信息。

(3)视频会议系统。视频会议系统隶属于实时通信系统,类似视频电话,除了能够看到与自己通话的人,并与之进行语言交流外,还能够看到对方的表情和动作,使处于不同地方的人像在同一房间内进行沟通一样。视频会议系统通常包括软件系统和硬件系统,通过现有的电信通信传输媒体,将人物的静态图像、动态图像、语音、文字、图片等多种资料分送到各个用户的计算机上,使得在地理上分散的用户通过图形、声音等多种方式进行信息交流,模拟大家共聚一处的情境。视频会议系统可以帮助会议双方增加对内容的理解。

视频会议系统在混合学习中的应用十分广泛,尤其是不同地理位置的学生,借助互联网可以从事远程教学、协商和讨论交流,在提升学生之间的沟通效率、缩减差旅成本、提高学习成效等方面具有显著优势。视频会议系统在网络远程学习中可以取代传统的面对面教学,是远程学习的一种新模式。此外,视频会议系统在科技、能源、医疗、教育等领域都得到了广泛应用。

2. 虚拟现实技术

(1)虚拟现实系统的构成。虚拟现实系统由硬件设备和系统软件构成。硬件设备主要包括跟踪系统、触觉系统、音频系统、图像生成和显示系统、可视化显示设备。跟踪系统的任务是实时检测出虚拟现实中人的头、身体和手的位置与指向,以便把这些数据反馈给控制系统,生成随视线变化的图像。跟踪系统有电磁跟踪系统、声学跟踪系统和光学跟踪系统三种类型。触觉系统是使用户能用手或身体的其他能动部分去操纵虚拟物体,并在操作的同时感受到虚拟物体的反作用力。音频系统由语音和音响合成设备、识别设备、生源定位设备所构成,通过听觉通道提供的辅助信息加强用户对环境的感知。图像生成和显示系统是模拟虚拟对象并将其呈现在显示设备上。图像生成系统会根据用户操作在合成图像的基础上,即时生成虚拟场景。一般情况下,图形工作站用于支持图像生成和显示系统高效率工作。可视化显示设备主要用于呈现模拟图像和环境，通常采用3D呈现方式，对清晰度、图像的连续性要求较高。

虚拟现实系统软件的种类非常多，主要包括面向桌面的虚拟环境系统，如VRT、VPL的RB2系统等。而面向工作站的虚拟显示软件系统通常具有更强大的功能，如SGI的VR开放平台等。虚拟现实系统在开发虚拟现实应用软件方面具有快捷、简易的特点，有利于提高开发效率。

（2）混合教学的虚拟课堂。虚拟课堂教学活动根据其与现实课堂的关系可以概括为模拟现实课堂、扩展现实课堂和创新现实课堂三种类型。模拟现实课堂的教学活动分为同步直播教学和同步集体互动讨论；扩展现实课堂的教学活动分为异步点播教学、异步集体互动讨论和异步文本资料的课外自主阅读；创新现实课堂的教学活动分为以数字资源利用为主的个性化学习、以在线合作为主的小组学习和以在线群体交互为主的社会性学习。在混合学习中，可以利用网络学习系统（如Blackboard等）构建虚拟课堂。虚拟课堂主要由Blackboard的展示工具、白板工具、聊天室工具、问题管理工具、小组工具、课程地图等构成，具有模拟课堂信息传递与反馈等主要功能。

3. 智能课堂技术

应用于混合学习中的智能课堂技术可以为学生营造一种具有针对性和适应性的学习环境。学生在该环境中能够更加方便地获取适应自身情况的学习资源，从而使混合学习更为便捷、高效。

在混合学习领域中，智能教室是应用较为广泛的智能空间技术，我们可以通过在现实中的教室嵌入丰富的信息呈现设备、传感设备、感知模块和相应的计算机系统，把整个教室的三维空间增强为一个实时交互式远程学习系统的交互接口，使教师在运用自己熟悉的面对面教学方式对现场学生进行授课的同时，与远程学生进行交互，就像远程学生也出席在现场一样。

近年来，教育机构和研究团体非常重视对智能课堂的研究。智能课堂又称智慧课堂，它集成了声音识别、计算机可视化和相关感知、通信技术、音频反映技术、特殊软件和辅助听力设备，能够利用自然接口提供与真实生活相类似的经验。智能课堂离不开高素质的教师和智能型教学设备。课堂教学设备的多媒体化、网络化和智能化是实现智能课堂的基础和前提，熟练掌握现代教育媒体和现代教学方法的高素质教师是智能课堂的保障。智能课堂通常会配置数字投影仪、计算机网络、音响系统、触摸屏控制系统、电话、视频输入和文件传送器等。

例如，清华大学基于普适计算技术开发了一种智能课堂系统，包括隔开的、相对独立的两个空间：教室和电脑。教室的前面和侧面分别安装了两块投影板，前面的投影板具有触摸功能，主要用于显示教学材料。教师可以使用数字笔和橡皮在该板上书写和擦除，远程学生也能够实时看到这些改动。侧面的投影板主要供学生使用，可以显示远程学生的图像和通过电脑驱动的虚拟助手。教室中安装了很多摄像头，主要用于捕捉教师的动作和教室图像。系统能够对教师的动作进行识别和解释。

又如，加拿大多伦多大学安大略教育学院（OISE）吉姆·斯洛塔博士带领的研究团队开发了一种支持可视化协作的智能教室。该智能教室实现了多种功能集成：比如，呈现和展示不同设备的信息、位置计算（能够计算学生在教室中所处的位置）、交互学习对象和智能代理框架等。智能教室为学生提供了功能强大的、可以自己定制的学习环境，让他们参与各种混合学习活动，同时也可以使用由传感器获取的数据。在智能教室中有多块交互式电子白板，其中一块是教师用的白板，其余是供小组学习使用的交互式电子白板。交互式电子白板之间相互联系，根据教学的需要，可以将小组白板呈现的内容转发到教师白板上，供全班交流使用。每个学生都手持移动终端设备，可以自己使用，小组之间可以互相通信，从而实现信息共享。

智能课堂中的混合学习为学生提供了持续的、不受时间限制的学习环境，有利于实现个性化学习。因此，基于智能课堂的教学能够比较好地解决学生的差异性问题，为学生公平、平等地发展提供基础，使不同学生有更多自由发挥的机会，也可以得到教师更多的指导和帮助。同时，它将最大限度地满足不同类型和需要的多样化的学生目标。适用于不同学生群体，包括那些有特殊需要的学生也被考虑在内。

（三）混合教学系统的网络教学平台

(1) 高效网络教学技术的特征。

第一，学习行为自主化。借助网络技术展开的远程教育突破了时间和空间的限制，使任何人可以从任何章节、地点以及时间学习平台所提供的任何教学课程，这种便捷灵活的教育特点体现了学习行为的自主性，符合终身教育、现代教育的社会需要。

第二，资源利用最大化。网络教育方式颠覆了以往只局限于特定区域展开的教学模式，从而向更加广泛的地区进行辐射性、开放性教育，打破了空间的阻碍，使得远程教育成为可能。另外，借助网络教育，学校可以网罗更加优秀的教师和更加突出的教学资源，充分发挥自身教育的资源优势。

第三，教学形式个性化。计算机网络具有双向交互功能和信息数据库管理技术，这体现了它的独特性。借助这些特点，网络教育实现了两方面的目的：①对每位成员的阶段情况、学习进程及个性材料进行完整、全面的系统跟踪记录；②为每位成员提供个性化的学习策略和学习建议。由此看来，网络教育是一种高效性、个性化的教学方式，为现代个性化教学提供了现实有效的实现途径。

第四，学习形式交互化。借助网络教育，师生、生生之间可以实现全方位的交互对话，这拉近了学生与教师之间的心理距离，拓展了师生交流范围和交流机会，促进学生身心健康和全面发展。另外，教师还可以通过网络教育对学生提问的问题种类、数量进行统计分析，并依照此结果展开有针对性的教学，从而获得良好的教育效果。

第五，不限区域。网络教育的展开没有时间和区域的限制，使得学习成员可以节省费用和时间，以制订更加有效的学习计划。

第六，教学管理自动化。计算机网络具有远程互动处理功能和自动管理功能。在此模式下进行的教学管理中，每位学员可以借助网络远程进行考试、作业和学籍的管理及查询、选课、交费、报名以及咨询等各项任务，突出网络教育便捷灵活的特点。

(2) 高效网络教学技术的功能。

第一，跨越时空教育。借助视频会议系统，学生可以突破空间的障碍去聆听各个领域优秀教师的授课，并且能够通过网络远程教育获得丰富的教育学习资源，体会到教育信息化带来的巨大改变，最终实现优秀教育资源共享。

在知识经济时代，每个人都需要通过不断地学习来满足社会发展的各种需要，因此教师教育培训工作的加强就显得尤为重要。而网络教育模式的出现使得教师可以按照自己的学习方式、速度，在自己合适的时间和地点展开学习活动,做到工作学习两不耽误。

第二,网络视频工作。教育领域的工作者经常需要开展教学观摩、远程教学、行政会议召开等工作,而参加会议的人往往又遍布世界各地,且召开的日期、地点通常也都是随机的。网络视频使得那些参加会议的人员能够节省大量的费用和时间,既不用长途跋涉,又能随时参会。

第三,进行学术交流。教育行业工作者不仅需要参加行政会议,还要与世界各地的权威教授学者、研究机构学者共同参与深入的经验、学术交流活动和临时学术会议。当然,在传统集中式的学术交流活动中,常常因为参会人员、地点及时间的限制而影响了交流活动的良好效果。因此,远程教育系统的使用不仅可以节省大量的费用、资源和时间,还可以跨越时间和空间的局限,展开深入的交流与探讨。除此之外,远程教育系统还具有强大的数据功能,从而为来自各地的学者创造一个多人共享的工作平台,突出了多人实时交流对话的特点。参会者可以利用系统中文件传送和文档共享等功能,将文字、报表、图形及数据等信息传送给其他与会者,从而达到随时随地地交流讨论的目的。

第四,网络教学资源共享。借助视频会议系统,学生不仅可以接触到更加优秀的教学资源,还能够参与论文评审、校际联谊等活动中,这扩展了学生的视野,提高了学校的教学质量。

第五,促进教育信息化改革。远程教育跨越了空间和时间,弥补了传统教学方式中的一些不足,为学校的教育改革提供了良好的实施平台。

作为新型的教学形式,远程教育具有交互、跨远程的优势,不仅突破了以往课堂教学方式中面对面交流的地域局限性,而且能够将大量优秀的教育资源在此汇集,充分发挥教育功效,满足现代教育和终身教育的社会需要。

一般而言,远程教学具体包含广播电视教学和函授教学,主要有三个发展历程,即函授教学、广播电视教学及网络教学。函授教学、广播电视教学均为单向信息传递,师生之间的信息传递、交流具有一定的局限性。而网络教学具有交互式、开放式教学特点,可以实现信息实时、多向交流,学生可以突破时间和空间的局限,与其他学生、教师进行线上交谈,不仅能够高效完成教学计划,而且为未来教育手段的实施提供了实践基础。

2. 网络教学平台的课程资源

网络教学平台的课程资源建设应遵循以下原则：

（1）学生与教师之间的交互、学生与学生之间的交互、学生与学习材料的交互。在网络课程中，应该包含在线讨论、论坛等平台进行交互学习。

（2）学生在学习的过程中通过发现问题、主动探索、意义构建等过程完成学习，体现学生个性化的学习特点。

（3）开放性原则。网络课程要对学生开放，让学生按需参与。同时，课程资源要开放。

（4）动态性原则。在当下这个经济发展日新月异的时代，技术和知识也在不断更新，因此要保持鲜活的学习内容。网络课程的设计要方便更新，及时补充新的内容。

（5）共享性原则。网络的特点之一就是资源的共享，因此在设计网络课程时要体现其共享性原则。

（6）可以评价性原则。要想及时了解学生的学习状况，对学生的学习效果和学习情况提供有效的、客观的反馈和评价，就必须要重视评价的设计体系。在设计网络课程时，应该提供考试的得分、试题答案的解析及教师对习题作业的批阅结果等。

3. 网络教学平台的互动技巧

（1）组织网络教学平台的实时交流。基于网络教学平台的网络课程允许学生自定时间、自定步调地进行学习，但有时一些在线的实时网上交流和同步互动往往能起到意想不到的效果，越来越多的教师已经认识到在线实时交流的重要作用。组织一次成功的在线实时交流，需要完成以下工作：

第一，确定交流活动的主要参与者是某一个小组还是整个班级；主讲人是教师还是某位学生。

第二，确定交流的内容。内容最好是学生所感兴趣的，有必要提前跟学生协商确定讨论的主题和角度，防止话题过"散"。

第三，确定交流使用的平台。Blackboard平台提供了在线实时交流的工具——"聊天"和"虚拟课堂"。"聊天"工具和普通的网络文字聊天室类似，主要是基于文字的集体讨论，和论坛相比，其汇集文字对话的形式更加适合于实时的文字交流讨论。"虚拟课堂"工具比"聊天"工具功能更加强大，除了支持文字聊天之外，还可以进行分组文字聊天，使用白板进行资源共享和协作互动。此外，还可以选择别的平台，教师们可以根据自身需要和网络情况自行选择。

第四，熟悉平台工具的使用流程。

第五，提前发布实时交流公告，以便于学生做好准备。

在实时交流活动中，应避免过多地讲原理、概念，重在交流和分享，而不是教学和讲授。在实时交流结束后的1—2天内，将交流的文字记录或者录像和其他资料及时发布在课程中或通过其他方式共享给学生。

（2）引导网络教学平台的讨论秩序。在课堂教学之后开展相应的网上讨论，有助于学生深入地理解课程内容。

第一，设置一定的论坛规则。在网络课程一开始就要明确地指出论坛中不支持和支持的行为，要强调本课程论坛的规则，如不要在论坛里发布与课程没有关系的言论等。可以和学生约定好发帖的要求，如可以要求学生每周发三个帖子：第一个是原创帖；第二个帖子是对别人帖子的回应，必须要谈自己的看法和观点；第三个帖子是对自己原创帖子所有回应帖的总结和评价。总而言之，论坛规则最好简洁明了。

第二，营造安全的学习环境。网上讨论最大的难度在于要保证让学生在感觉相对安全的环境下分享他们的观点思想和个人经验，探索一些新的概念，以此来加深他们对材料的理解。鼓励学生积极、大胆发言，不要因为害怕错误而不敢发言，允许学生有批判性的思考。

第三，让学生成为讨论的主角，不要干扰讨论方向。网上讨论的主角必然是学生，学生们在论坛中一起讨论、贡献知识。如果教师过多地介入，会打断学生的原有思路，学生会把教师当作"权威"，可能会由于畏惧"权威"而不再发表不同观点，或者刻意等待教师的发言。

第四，精心设置论坛分区，防止学生"跑题"。例如，每周话题区可以安排与本周所学内容相关的话题进行讨论；平台使用技术问题讨论区讨论解答在平台学习过程中所遇到的技术问题；教学建议区讨论学习体会，收集教学建议；休闲咖啡区供学生讨论一些与课程无关的话题，允许他们在那里抒发感情，畅所欲言。

第五，可以设置论坛的专项管理人员。如果论坛涉及的板块比较多、发帖量和话题量比较大，教师实在难以兼顾论坛的情况下，可以在论坛的每个讨论区设立专门的管理人员来直接管理讨论板中的帖子，以促进有效的对话和讨论。可以为论坛中的用户指定具有管理功能的论坛角色，如管理者、主持人和评分者。

主持人可以复查帖子，也可以删除或者修改任何论坛中的所有的帖子，即使该论坛不使用"待审核队列"。因此，要确保主持人一定要富有责任心并且要了解相应帖子的标准，在默认的情况下，会将这一论坛的角色授予具有课程角色的课程制作者的用户。

管理者可以完全控制论坛。一般情况下，具有助教或者教师的课程角色的用户将被授予此论坛角色。管理者是可以完全控制论坛的，可以更改的项目有仲裁帖子、论坛的相关设置和制定的一些成绩等。此外值得一提的是，管理者的角色只能制定给具有类似责任的人员，如助教或者课程教师等人员。

评分者将复查讨论区帖子，并在成绩中心输入成绩。评分者拥有某些访问成绩中心的权限，并分配给负责指导和评估学习的用户，如教师或助教。评分者的论坛权限中不包括访问控制面板的权限。默认情况下，具有评分者课程角色的用户将被授予此论坛角色。

第六，通过举办一系列的活动来推动讨论。在学生积极参与论坛讨论的时候，教师可以提出一些具有深度的问题来促进学生更进一步的反思和深入的思考，从而引导学生提出更多的问题。

（3）网络教学平台讨论的监控与反馈。

第一，使用成绩指示板观察学生讨论情况。在 Blackboard 平台的网络课程之中可以通过评估中的成绩指示板来具体监测学生们讨论的具体情况，具体的一些信息和数据如：帖子的总数；上次发帖的日期；帖子的字数，即帖子的总长度。

第二，评价学生讨论的情况。学生的评论分在 Blackboard 平台的网络课程中具有两种形式。如果事先设定好了对话题评分或者对论坛评分的话，那么也可以在为话题和论坛评分时看到学生讨论的具体内容和情况。同时，设置良好的评价制度，对于论坛的顺利运行有很大的好处。要评价一个学生在论坛中的行为，可以从主动性、发帖质量、参与度和贡献度四方面进行。主动性，指学生在论坛中分享自己在活动、作业等各个方面的进展，并积极参与讨论的主动性。发帖质量，指学生所发帖子与主题相关情况。参与度，指学生发帖的数量情况，以及回复其他人的信息，提出建设性的意见，鼓励他人的情况。贡献度，指学生为问题的解决贡献自己力量的程度。

4. 网络教学平台的混合教学

随着时代的不断发展进步，近年来信息化技术的影响范围已经拓展到教育领域，而且在很大程度上推动了现代化教育的发展，高职院校的英语教学水平也得到了显著提高。在多媒体时代下，目前混合学习模式得到了广泛的应用，英语混合学习模式应用优点比较突出，但受到不确定外界因素的影响，这也在一定程度上影响了其实际应用效果。基于网络教学平台的英语混合学习模式的改进，可以从以下方面着手：首先，要明确网络教育教学的发展政策和明确学校的激励措施。学生在英语学习的过程中影响力是巨大的，因为其在学习中起着重要的作用同时也是整个学习过程的核心存在。其次，要加强网络教室的培训。最后，要注意的是给学生提供一些在线的英语辅导。

5. 网络教学平台中评价分析

网络教学评价一般包含：网络教学过程中的学生和教授等教学管理服务与学习支持服务，教学资源的多寡，教学环境的优劣，教学方法的好坏，以及教学内容等诸多因素的全民性评价。网络教学评价对网络教学质量起着至关重要的决定性作用，应采用相应的评价方法，最终做出价值性的判断和决策。网络教学平台中的评价主要针对的是，教学资源与学习的支持服务评价、学生的学习评价、教育教学的评价等。

（1）网络教学评价内容。英语课堂教学评价主要是从教师、学生、教学内容和媒体四个要素进行的。英语网络教学的主要目标是给学生提供学习的资源、途径和方法，使学生获得技能与知识，最终实现个人的全面性发展。英语网络教学评价包括对教师、学生、网络学习资源、网络学习支持服务方面的评价。

1）网络教学对学生的评价。学生是英语教学活动中的一个重要主体，因此网络教学更应该注重为学生提供灵活的、丰富的、更加便捷的学习途径、学习方法和学习资源，从而使学生获得英语知识和技能的双向的提升，提高学生的英语综合素养，促进学生全面、和谐、健康发展。

一是学生学习过程的评价。现代教育评价理论已经跳出仅仅针对学生学习结果进行评价与测量的窠臼,针对学习过程的评价受到日益广泛的关注和重视,从而为及时反馈、改进教学提供依据;通过对学生在学习活动中的表现进行监控评价,也能够了解学生学习的积极性、主动性、态度、风格等不易直接观察而又对学习至关重要的方面,从而为学生提供个性化的服务与帮助。此外,对活动或者过程的评价能够帮助学生找到努力的方向,能够使其清晰地了解到个人的学习状况,从而提升学习的质量,取得显著的学习效果。因此,对学生学习过程的评价主要包含对学生资源利用情况的评价和对学生学习态度的评价。

首先,学生参与学习活动情况的评价。英语学习的过程就是学生与教学的其他要素进行交互的过程,学生参与教学活动的行为即学习效果的表现,对这些行为的评价可有效调控学生的学习。借助网络交流工具,学生可以收获更加丰富的学习活动的成果,统计学生与线上教学资源、其他同学以及教师交互对话的程度,还可通过网络平台讨论区上的发言数量。另外,网络平台还可以显示学生提问问题的种类、数量和提供解决方法的次数,使英语教师能够对学生的学习情况有更加全面的了解。

其次,学生资源利用情况的评价。网络环境为学生的英语学习提供了丰富的资源,但并非每个学生都能在资源利用方面达到优秀,如果不善于利用资源,会使学生迷失在庞大繁杂的信息海洋中。例如,教师可以通过网络平台上展现的学生登录时间、注销时间来确定学生借助网络平台进行学习的时间,也可以从网络课程内容的浏览数量、浏览范围方面了解学生所学习的课程内容和学习进度,并借此掌握学生对相关内容学习的广度和深度。除此之外,教师也可以利用学生向问题中心提交的问题和解决方案、在讨论区发言的情况及发表的资料,甚至是对网络课程的修改、建议等,了解学生学习的态度、对学习主题的理解、问题的解决情况等。

最后,学生学习态度的评价。通常,态度是由三种具有层次性的心理成分组合而成的,这三种成分是:认知成分,主要是对事物的了解和评价;情感成分,主要是对事物的喜爱或厌恶程度;意向成分,主要是反应倾向、行为的准备倾向或行为的准备状况。特定的学习态度并不决定特定的行为表现,但学习态度在一定程度上会导致学习行为的某种趋向。

二是学生学习结果的评价。对学生学习结果的评价主要是通过对学生在进行网络教育之后达到的完成任务的状况、达到英语教学目标的程度、达标测试的成绩、实践作品的优劣、信息素养的提高和创新精神的培养等各种学习结果的评价实现的，依据这些评价，可以判定网络教学在英语教学中的效用。学生学习结果的评价具体如下（表4-2）：

表4-2 学生学习结果的评价

学习目标达成度	学习目标达成度是学习目标的实现程度。通常，可以通过设计各种测验对学生的知识发展变化进行评测，以达到评价学生学习目标达成度的目的。
任务完成情况	对学习任务完成情况的评价主要从学习任务的完成程度和完成效率方面来考查。在学习活动中，学生讨论问题、与他人交流对问题的看法、自身思考问题、收集与问题相关的资料、提出问题的解决方法、对问题下结论等都是任务完成情况的表现，整个过程可划分为三个阶段：问题的提出、问题的解决和对问题解决方案的评价，对任务完成情况的评价既可从这三个方面展开，也可从解决问题的每个步骤入手进行评价。
达标测试	达标测试就是根据测试目的，让学生在规定的时间内按指定的方式解答教师预先准备的测试题目或量表题目。测试结果用数值的形式表示，是更全面评价学生的基础。达标测试是教学评价的一种测量手段和资料收集手段，主要有成绩考试、水平测验和诊断测验等类型。其功能主要有：鞭策与激励学生的学习、改善教师的教学、评价教学的效果等。
实践作品	网络环境下，教师通常会采用任务驱动的策略进行教学；网络环境下学生的学习具有很大的自主性和自由性，但是这种自主性是在一定的教学目标下实行的，并不是随意和任意而为之的。
信息素养	在网络教学中，对学生信息素养的评价主要来自以下三个层面：①使用信息工具的能力，包括对搜索引擎、浏览器、文字处理工具、电子表格软件、多媒体课件制作工具的使用，以及获取和识别信息的能力，即能在网络的信息汪洋中找到自己需要的信息并且根据信息进行使用、识别和批判的能力；②信息知识，一般指一切与信息有关的知识、理论和方法，如对信息社会的影响力、信息、信息化的性质等方面的理解与认识；③信息伦理道德和信息意识，信息伦理道德是针对当今网络信息泛滥、信息垃圾和信息滥用行为的肆虐而提出的，对信息社会的了解以及信息社会对自己行为的要求、对信息的敏锐力等。
创新精神	培养学生的创新精神主要从培养创新意识、创新思维能力、创新实践能力、创新品格等方面着手。

2）网络教学对英语教师的评价。现代网络教育颠覆了传统教学模式中"教师为信息传递者，学生为信息接收者"的情况，并逐步实现了教师向与学

生合作学习过程中的协调者和组织者、学生学习过程中的评价者和指导者、网络教育活动的研究者和管理者以及学习资源的开发者和设计者的转变。现行的网络教学活动在英语教师对学生进行指导和帮助、指导学生对学习资源的利用及教学活动的组织三方面提出了更新、更高的要求。英语教师不仅需要对网络教学环境有更加全面、深刻的认识,充分发挥网络环境的功能,还应该根据学科的特点和学生的实际情况,充分激发学生的积极性和主动性,使得他们能够合作、探究、自主学习。具体来讲,现代网络教学对英语教师的评价主要包括三个方面:教学活动的组织、学习资源的提供和学生成绩。

3) 网络教学对英语学习资源的评价。

一是现代网络学习资源的类型。整合资源包括微课、优课、网络课件、虚拟仿真教学资源、在线开放课程等形式。网络学习资源包括网络上所有可能对教学活动有帮助的信息资源,强调多种媒体形式的有机呈现,大量的网络学习资源形成了一个高度综合、集成、数字化的学习资源库。

二是网络学习资源的评价内容。对网络学习资源质量的评价是网络教学评价不可缺少的重要组成部分。通常,对网络学习资源质量的评价主要是对网络学习资源的目标与内容、结构与功能、超链接与导航、多媒体表征与素材质量以及技术规范的评价等。网络学习资源的评价内容见表4-3。

表4-3 网络学习资源的评价内容

对目标与内容的评价	对目标与内容的评价主要是看教学目标是否清楚、可实现,教学内容是否具有科学性和教育性,是否能够激发学生学习的主动性和兴趣、调动学生参与交流与讨论的积极性。除此之外,目标能否因人而异、内容能否及时更新也是评价的重要参数。
对结构与功能的评价	对结构与功能的评价主要是看网络学习资源的组织与呈现是否结构紧凑,是否具有系统性和逻辑性,是否能体现教学的引导作用,是否有利于学生对知识的接受和参与。
对超链接与导航的评价	对超链接与导航的评价主要看导航是否合理、便于使用,是否能够清楚地帮助学生定位自身在课程中所处的位置而不致发生网络迷航现象;对超链接的评价则主要看其是否清晰一致、具有学习过程记录功能,是否便于学生随时进入学习内容、实现同化与顺应的过程并完成对知识的意义建构。

续表

对多媒体表征与素材质量的评价	对多媒体表征与素材质量的评价主要是看媒体形式是否丰富，媒体与内容是否具有内在的一致性，即采用特定的媒体对特定的教学内容表征是否是最合适的，是否允许不同风格的学生以个人偏爱的方式进行学习，是否允许学生从不同的角度实现对同一内容的探究学习，素材是否经过加工整理、是否丰富多彩、符合教学需要等。
对技术规范的评价	对技术规范的评价主要看所使用的技术是否具有通用性，符合特定的技术标准；是否具有可扩展性、稳定性，能够支持不同的学习策略，便于学生获取信息并对信息做出加工处理。

4）网络教学对学习支持服务的评价。在网络教学中，网络是媒介和基础，是教师、学生及学习资源之间联系的纽带，它使得教与学的活动在时空上分离。如果网络学习支持服务出了问题，那就意味着教师、学生及学习资源之间的联系被割断，网络教学将无法进行。因此，网络教学的实现需要可靠、安全的网络教学平台和网络学习支持服务。在开展网络教学前，要充分考虑网络学习支持服务的安全性、稳定性、便捷性，以及它对教学交互和教学策略的支持能力等方面的问题。网络学习支持服务既包括以物为主的网络教学平台，也包括以人为主的学习支持服务。只有网络学习支持服务系统有良好的功能，网络教学才可能有成效。

一是网络学习支持服务的评价。网络学习支持服务的评价主要包含信息技能培训服务、信息技术人员提供的系统运行服务等，其指的是对于开展网络教学过程中提供的各类服务的评价，也包括教师给学生提供的教育教学指导服务的评价。

二是网络教学平台的评价。教师的备课工具加上备课平台对大量的学习资源进行系统性加工整理，从而为教师提供更加快捷的资源检索、组织手段，方便教师展开教学活动。实时交互授课系统则借助了网络技术构建了一个从规模上来说可以扩大可以缩小的虚拟教室，帮助师生之间进行实时交互。学生学习平台主要为学生提供了文字交流、视听及多媒体功能。

（2）网络教学评价特点与功能。

第一，网络教学评价的特点。英语网络教学评价与传统教学评价相比有其独特个性。例如，在评价目标方面，网络教学评价以提升学生的素养技能、促进学生发展为评价终极目的,而传统教学评价主要为了甄别和选拔;在评价内容方面,网络教学评价更侧重对学生核心素养的评价,而传统教学评价重点考查学生对学科知识的记忆和理解;在评价方式方面,网络教学评价采用新兴智能处理技术,实现评价数据的收集、分析及结果的反馈,并有机结合量化评价和质性评价,而传统教学评价方式相对单一,以纸笔为主,注重量化结果。当前,云计算、大数据、物联网、移动计算等新技术受到广泛应用,网络教学环境大幅改善,不断推动网络教学评价朝着智能化、智慧化方向发展,使得现阶段的网络教学评价具有不同于以往的特点,具体如下:

一是利用大数据。在当前这个数据为王的时代,数据成为重要的无形资本,它为教学评价尤其是网络教学评价提供了崭新的思路。大数据能够收集在过去既不现实也不可能集聚起来的反馈数据,其背后蕴藏的重要信息对提高教学有效性等具有重要作用。通过对网络教学系统采集的大数据进行挖掘和分析,可以探索教学评价、学习内容、学习方法等变量与学生学习效果的关系,使得教学评价更加全面、客观,进而使得了解、评估、预测教学行为更加简单、精准、科学。

二是注重学习分析。网络教学评价数据来源广泛,数据类型繁多,数据更新速度过快,势必要采用学习分析技术进行科学处理。也就是说,以数据驱动的网络教学评价必然包括大量以不同目的命名的"分析"。网络教学评价依托学习分析为学生提供实时行为和内容活动反馈、推荐社交网络信息等分析报告,主要目的在于优化学生的学习进程。

通过数据进行学习分析,可分析出其背后的原理,进而为不同的学生设计个性化的学习方案,推送不同的学习资源,优化和改进不同学生的学习方法。

三是强调过程动态性。评价不仅要在学习过程结束后进行,更要贯穿学习的全过程。网络教学评价强调对网络教学的过程进行实时监控,利用即时的反馈信息来指导、调控甚至补救网络教学与学习活动,不过分追求目标的标准化和方法的规范化。因此,网络教学评价强调实时动态性,注重评价过程的对话性、评价标准的多维性、评价目的的发展性、评价方式的多样性、评价机制的激励性等,从而实现网络教学系统和网络教学评价系统的无缝衔接。

第二，网络教学评价的功能。网络教学的评价机制具有一定的激励、调控、诊断和导向的功能，具体表现在以下方面：

一是激励功能。网络教学的评价激发了学生和教师的竞争欲望，使教师和学生认识到了自身存在的不足，也认识到了优点，使他们的内部动力和主观能动性不断增强，在追求更好的评价结果的同时，也起到教学相长的效果。除此之外，各种评价机制和结果还可以激励开发者对教学支撑平台的设计进行优化。

二是调控功能。通过将网络教学过程全面、科学地呈现给使用者和教师，网络教学评价可以对教育教学活动提出建设性的意见和建议，以达到对其进行改进和调整、控制的目的。

三是诊断功能。网络教学评价的诊断功能是指，通过评估与分析网络教学过程中教师和学生在线行为等因素，对网络教学实施过程中存在的问题进行归纳总结和分析，从而整理出当前网络教育教学活动中存在哪些不足和哪些问题，以及问题的具体成因和问题出现在哪些方面，最终提出相应的修改意见和建议。网络教学评价就像一张教育成果晴雨表，时时刻刻诊断着教育教学，监控着教育教学的每个过程。

四是导向功能。网络教学评价的导向功能是指网络教学评价本身所具有的引导性评价对象向着理想目标进步的能力和效果，这是由评价标准的方向来决定的。这是因为，在网络教学评价标准的具体规则中制定了评价各个方面所占的比重和具体规定了评价的各个方面的内容。

（3）网络教学评价阶段。网络教学评价是一个动态的、循环往复的过程，需要教师、学生、管理者在使用过程中，通过论坛、问卷、访谈记录等形式不断进行评价。大数据、学习分析、可视化等新型网络教学评价方法正大势冲击传统评价方法，并受到专家学者及一线教师的关注及得到应用。网络教学评价的过程具体内容如下：

1）评价设计阶段。一个好的网络教学评价，在一定程度上取决于它科学合理的评价设计。网络教学评价的设计要确定评价的内容、主体、目标和方法，其是根据网络教学的发展和需要来制定的，并规定评价实施的具体活动，如在何种情况下进行评价、何时评价、以怎样的方式实施评价等。评价设计是整个评价的灵魂所在，体现了评价的理念，指导着评价的顺利实施。

具体而言,评价设计包括以下环节:

一是明确评价目标。评价实施前先要确定评价的目标。评价目标的确定一方面是对评价对象应达到的标准的确定,这是指标体系建立的依据;另一方面也要明确该次评价的目的,是为了评优、考核等分等级的终结性评价,还是以发现问题、诊断提高为目的的形成性评价,或是两者兼有,这将对评价实施及评价结果处理产生重大影响。可见,评价目标的确定是影响评价质量和效果的根本因素。

网络教学评价目标的确定,不仅要求全体学生都能达到教学目标,还要融入学科核心素养,如语文学科的语言建构与运用能力、数学学科的逻辑推理能力、英语学科的语言能力等,最后将学生培养成为全面发展的人。此外,由于网络教学中学生的水平参差不齐,因此教学目标应是有层次的、动态的。

二是分析评价内容。网络教学评价涵盖的教育元素、教育活动比较广泛,评价任务比较复杂。根据当前的研究,网络教学评价的内容已超出了通常意义上的教学评价,它不仅包含学生、教师、教学内容和媒体四要素,还包括网络学习支持服务等各方面的教育活动和要素,而且它们之间是紧密联结的。

三是确定评价主体。网络教育教学比较注重他人的评价,且不同的评价主体有不同的评价标准与评价方式。评价主体也的确是回答谁来评价的具体问题的。

四是选择评价方法。网络教学评价可以采用多种方法进行综合评价。根据不同的评价目的,评价方法也应有所不同。测验是网络教学评价的一种重要方法,如果评价是为了了解学生认知目标的达标程度,那么测验是最常用的工具。

2)评价实施阶段。评价的实施是评价人员根据评价方案,利用各种评价手段,完成网络教学评价计划所规定的任务,达到评价目标达成度的过程。它是网络教学评价的具体化与实际化。根据我们选择收集来的不同资料种类,通常需要先选择或者先设计相应的评价工具,包括观察表格、调查问卷、测验题等。评价实施的具体操作如下:

一是制定一定的评价准则和制度。评价的组织者需要制定相应的评价标准,开展网络教学评价。例如,可以向学生阐明评价的具体内容,如要求学生完成实践作品、电子作品等，依据一定的评价量表，对学生的作品进行评价。

我们对评价对象发放评价量表，使其对网络教学进行评价，具体的过程可以从以下两个方面进行：其一，根据评价量表对学生、教师等课程参与人员进行问卷调查或访谈。量化需要的数据是多方面的，仅仅通过程序进行自行统计和分析是远远不够的，因为量化的数据还需要评价人员收集学生的体验、情感及隐藏的问题，通过文字来表述这些调查的结果，需要进行相关的调查或者访谈，然后通过一些语言分析方法对其进行分析和解剖。其二，我们可以利用网络平台收集相关教师的作业批改、教学组织、作品评价及答疑解惑等方面的信息，一言以蔽之，就是要利用网络系统的评价功能对网络教育教学进行评价。

二是收集评价数据。评价数据的收集是网络教学评价的重要阶段，是对学生进行学习评价的依据和来源。数据收集的是否完备、正确、有效，在很大程度上影响着网络教学评价的质量。评价信息的收集主要指利用相应的评价工具对体现学生发展状况与学习状况、学生学习过程中所表现出来的数据和资料的收集能力的收集，包含使用观察表格、调查问卷、测试等，对学生学习过程和结果进行记录和观察。

三是评价注意事项。网络为学生的学习提供了宽松的学习空间，使学生在学习的过程中可充分发挥自身的主动性和创造性。因此，网络教学评价不可能再像传统课堂教学那样只是根据教师一个人制定的评价标准对学生进行评价，而是积极参与评价过程，客观公正地进行评价。因此，实施网络教学评价时应注意以下五方面的内容(表4-4)：

表4-4 评价注意事项

预置教育教学目标	由于在网络教育教学中学生有比较大的控制权和自主权，这就使学生在学习过程中难免产生迷茫和不知所措，所以在教学开始之前，教师可以预先通过制订一定的教学方案、提供范例等方式使学生对自己要达到的学习目标有一个明确的清晰的认识和预见。这样学生就能够主动将自己的学习任务和工作任务与预期的目标看齐，才不会偏离学习的航道。

续表

贯穿教学过程	教师在给学生的学习提出一定的预期之后,还要在整个学习过程中不断地提醒学生按照既定的目标和预期来要求自己,检查自己的努力是不是有效的学习过程。
强调自我评价	在网络教育教学中,学生的自我评价在整个学习过程中是至关重要的,因为在这个过程中学生大部分采用的是自主学习的方式,所以提高学生自我学习能力也是网络教学的目标之一。
注重过程性的评价	在网络教育教学中,评价的重点并不是放在如何判定学生的状态和能力上,而是放在怎样使学生的能力得到发展和提高的过程中。
采用多样化评价方式	在网络教学中,评价的过程应当精心策划,应以学生能力的发展和素质的提高为核心。为了使网络教学评价切实反映学生的学习状况,可将多种评价方式结合起来从多个方面反映学生的学习状况;可将传统的教学评价方式和现代的网络教学评价方法结合起来,从学习过程和学习结果两个方面评价学生;在评价人员的构成上不仅包括专家、教师,也应该包括学生自身,体现评价主体的多元性;可将形成性评价和总结性评价结合起来,充分发挥评价对学生的诊断指导和反馈激励的作用。

3) 评价分析阶段。在评价分析阶段,要用统计产品与服务解决方案(SPSS)、Excel 等工具对要评价的数据进行初步的分析和整理,包括去除无效信息、进行信息的误差诊断,将各种数据与评价标准做一个对比。最后对反映学生学习过程和结果的一些数据和资料进行整合和归纳分析,并得出综合型的判断和结论。

4) 评价反馈阶段。网络教学评价的及时反馈,能够使师生充分认识到自身的得失,及时调整教与学的方法策略,教学相长、共同提高、互为补充。评价反馈作为网络教学过程中的一个非常重要的环节,始终交织于教育教学的过程中。教师对多反馈的信息资源的处理细节的程度直接决定教学过程中的双要素,即学生和教师的互动质量,并最终作用于教学效能。

(4) 网络教学评价方法。

1) 基于大数据的现代网络教学评价。随着网络技术在教育教学领域的迅速发展和广泛普及,网络教学的评价方法也有了新的工具支持,量规、电子作品概念图等也一度成为网络教学评价的常用方法,但仍存在数据不准确、过程型数据遗漏或无法采集、分析结果缺乏综合性、教学决策精准度不够等多种弊端。教育大数据的应用则为克服现有网络教学评价中的不足提供了效果良好的解决方案。

一是大数据对网络教学评价的支持。基于大数据的网络教学评价促进了学生的综合素质与能力的发展。大数据对网络教学评价的支持具体表现如下：

首先，提供多方参与评价的途径。当前需要学生具备问题解决能力与批判性思维，主要强调学生的综合素养评价。评价既包括过程性评价，也覆盖总结性评价；既有外在学习行为表现，也有内在学习心理表征等。

基于大数据的网络教学评价不但能实现对多维教育教学数据的深度分析，还能向不同参与者提供评价的途径。教师通过数据反馈结果了解学生表现并以此为依据调整教学，满足学生的个性化、个别化学习需求；家长通过数据情况熟悉孩子的强项及可提升的领域，从而为孩子提供最适宜的学习建议；教育管理人员可通过数据分析了解何种项目对提升学生的综合素质成效明显，进而实现高效便捷管理等。基于大数据的网络教学评价提供了学生在不同情境下学习数据的机会，为多方主体共同参与评价架设了桥梁。可见，借助大数据技术的支持，网络教学评价更加多元立体、更加持续有效。

其次，推动数据驱动的教学决策。基于大数据的网络教学评价支持学生学习偏好设置、学习内容推送、学习方式优化、学习效果评价等方面的教学决策。教师可利用教育大数据改进与优化自己的教学决策。例如，教师可利用大数据分析需要在何种时机对哪些学生以何种方式安排何种教学内容。同时，教师也可以利用学生产生的大数据，或借助与外部大数据的对比分析，深度评价学生的学习效果，分析学生的学习偏好与个性化需求，进而分析学生群体的学习需求。此外，教师还可利用大数据分析哪些学生更适合开展小组学习，如何分组更合理等。

针对学习困难的学生，通过大数据，教师可分析学生于何种环节、何种类型内容的学习方面存在问题，进而挖掘影响学生学习的深层因素，以便给出适当的学习支持与干预。因此，借助大数据技术关键在于"数据"的驱动，使得教学决策更加全面精准。

最后，促进学生发展性评价。发展性评价是对学生的教育活动进行价值判断，这种判断建立在系统的收集评价信息并将数据进行分析上，最终帮助学生实现其发展目标。基于大数据的网络教学评价不再依赖对单一评价对象的单一评价维度实施评价，而是尽可能地将网络教学评价的多方面数据纳入其中，包含结构化数据的获取及非结构化数据的收集，旨在获取更为全面的数据，促进学生的发展性评价。大数据技术寻找关联性的思维模式契合了网络教学评价情境下对充实依据与有效证据的本真需求。这种基于大数据的网络教学评价，为学生实现个性化、差异化的学习发展目标提供了有效支撑。

二是基于大数据的网络教学评价过程。基于大数据的网络教学评价过程可分为多个阶段，即确定评价目标与标准、明确数据采集对象与内容、实施数据集成与清理、进行数据转换与分析、完成数据解释与反馈。

2) 基于学习分析的现代网络教学评价。学习分析技术为教育教学过程提出有针对性的教育决策和改进策略，其注重预测和监测学生的学习成绩，及时发现学生的潜在问题。基于学习分析的网络教学评价为提升学生学习质量提供了新的思路，并以数据驱动的方式改进网络教学实践，促进学生个性发展。

一是学习分析的特征。学习分析技术分析的目的是评估学生理解和优化学习的能力、发现潜在问题，其对象无疑是学生及学生的学习环境，可以说是最贴近教育需求的数据分析技术。学习分析具体有以下方面的特征：

首先，多样化的数据来源。数据来源既有学习管理系统（LMS）、课程管理系统（CMS）和学生档案系统等数据库，也有学生学习过程中的资料、作品、学习轨迹等，还有学生个人非正式知识管理系统（如博客、微博、微信等）。不同来源的海量数据为个性化的学习服务提供了支撑，数据采集自动化为智能化的学习提供了便捷条件。

其次，可视化的分析结果。学习分析的主要目的是提高学习绩效和预测学习结果，并以直观化和可视化形式显示主要数据，以便教师和学生对自身的情况做出一定的判断。

再次，模块化的分析技术。学习网络的实时调整、学生关系的动态变化及学习内容的复杂多变，使得网络学习的过程研究变得十分复杂。若要开展有效分析，单一的学习分析工具已无法满足智慧学习环境中对学习分析的多样化要求。此时，便需要强调对多种工具、多重方法、多类技术的模块化聚合，以便于针对不同的数据采用不同模块进行加工、挖掘和分析，进而透过数据对网络教学给出合理的解释，并为网络学习提供支持和保障。

最后，微观化的服务层次。学习分析的内涵是对网络学习过程中产生的各种数据提供建设性意见和进行分析。其直接服务对象是学生和教师。例如，通过教学数据反馈帮助教师提高教学质量、教学水平和职业技能，通过学习情况反馈帮助学生提高课程通过率，为学生的适应性学习提供建议等。

二是学习分析对网络教学评价的支持。基于网络教学，学习分析技术作为一种有效分析学习过程和结果的工具，以其对绩效评估、过程预测与活动干预的便捷性等特点，越来越受到教育界的追捧。也正由于学习分析技术发展带来的优势，采用其开展网络环境下的教学评价才更加便于实现过程性、动态性、多元评价，才更有利于学生进行个性化学习并弥补原有能力的不足，以及教师教学效率的提高、教学质量的改善。学习分析对网络教学评价的支持作用具体如下：

首先，有利于教师对学习进行分析。利用学习分析技术，教师可获得学生学习绩效、过程及学习环境等信息，为教师优化网络教学提供方法和思路。对教师来说，改善教学质量、提高教学水平、促进教学效益最大化是主要目标。

其次，有利于学生进行自我评估。学习分析的主要目的是预测学习结果和帮助学生反思。学习分析作为一种有效的辅助学习的工具，可帮助学生开展自我评估、实施个性化学习、提升学习危机预警等。例如，学生可借助学习分析技术获取个人学习情况报告，进行自我评价，了解自身的优势和不足，进行自我认识、自我定位、自我规划等。学生也可分析自身的学习过程数据，通过回顾自己的学习时间、内容、方式等，开展个性化学习，引导学生自我管理和自我激励。学生还能借助其提升学习危机感，自我采取相应的措施赶超学习同伴。

三是基于学习分析的网络教学评价过程。学习分析过程主要集中在实施阶段、调整阶段和优化阶段，重在对数据的分析、跟踪和预测，以反复调整和优化教学方案和学习过程。

3）基于可视化技术的现代网络教学评价。当前，网络技术飞速发展，计算机在信息表达和信息交互方面取得了一些成绩，也为网络教学评价提供了新的视角。可视化技术为视觉教学理论注入了新的活力，是现代教育技术发展的必然趋势，在网络教学评价中的应用潜力巨大。基于可视化技术的网络教学评价使得网络教学过程和结果的数据都得以实时呈现，有利于学生自我反思、自我警醒能力的发展。

一是可视化技术的特征。随着可视化技术的不断发展，可视化技术呈现出以下五个特征：①直观化。可视化技术直观形象地呈现数据，可用图像、曲线、二维图形、三维体和动画等显示，并可呈现数据之间的相互关系。②多维性。通过可视化技术，用户能清晰地看到数据的多个属性或变量，并实现数据的显示、分类、排序和组合。③关联化。可视化技术帮助用户挖掘并突出呈现数据之间的关联，直接快捷地厘清各属性、事件之间的关系。④交互性。可视化技术能够实现用户与数据的交互，增强用户对数据的控制、管理与开发。⑤艺术化。可视化技术能够通过不同的表现形式，增强数据呈现的艺术效果，符合审美规则。

二是基于可视化技术的网络教学评价特征。可视化技术的发展加快了数据的处理速度，使得工作、学习过程中产生的海量数据得以有效利用。数据、知识、思维等的可视化处理将抽象、复杂的过程以形象化的视觉表达形式呈现出来，实现了人人、人机之间的图像通信，使人们可观察到利用传统方法难以发现的现象和规律，进而助力人们的工作和生活。可视化技术为网络教学评价提供了一种新的方法和思路，使得网络教学过程和结果的数据得以实时呈现，方便开展并优化师生的教与学活动。

基于可视化技术的网络教学评价是指以图形、图像等直观形式表示学生学习过程和结果数据的一种评价方式，能使教师快速便捷地掌握学生整体的学习情况，有利于学生自我反思、自我警醒能力的发展。基于可视化技术的网络教学评价具有如下特征：①提供网络教学过程立体化的呈现效果。图形、图像不仅具有显著的吸引力、沟通力，也强烈增进了学生对教学过程及内容的理解与认知，进而促进学生学习过程中的认知建构与知识生成。②实现动态评价和实时反馈的跟踪指导。传统的网络教学评价重在对学生学习内容、学习结果、教师教学过程等静态数据的评价，而忽略了评价数据本身的动态变化性，忽视了探讨评价数据以及教与学改进间的相辅相成关系。

二、"互联网+"下英语混合式教学的要求

"混合式教学是把在线教学和传统教学的优势结合起来的一种教学模式，是当前教学研究的热点"[①]。"互联网+"下英语混合式教学的要求如下：

第一，英语混合式教学中学生的要求。在英语混合式教学中，学生享有在线学习的时间和空间的自由选择权，这为他们提供了极大的灵活性。然而，这也意味着他们需要更好的自控和自律能力，以充分利用这个自由度。如果缺乏自主性，学生可能会陷入代课、频繁缺勤和开小差等问题，这些问题不仅可能损害学生的学习体验和成绩，还可能影响线上教学的实际效果。英语教师需要采取积极措施，确保学生在线上学习期间能够保持专注和积极参与。

第二，英语混合式教学中教师的要求。在英语混合式教学中，首先，教师需要保持敏锐的教育观察力，不断更新教案与课件，确保它们与实时动态密切相关，以满足学生的不断变化的学习需求。这意味着他们需要紧跟教育趋势和技术发展，以便为学生提供最新的教育资源。其次，教师应该积极整合各种教学资源，以尽可能满足多数学生的需求。这包括结合趣味性与理论性，以吸引学生的兴趣，并解答他们的疑虑。在混合式教学中，这尤为重要，因为学生的背景和学习风格各异，教师需要巧妙地调整教学方法。再次，教师必须具备高水平的职业素质，以科学传授优质的教学内容，应该致力于帮助学生深入理解课程内容，提高学习效果。这需要教师不仅是教育专业的专家，还要具备跨学科的知识，以便能够更好地满足学生的知识需求。最后，英语教师不仅是线上教学的实施者还是受益者，需要不断提升自己的专业知识，研究慕课技术，以适应不断发展的教育环境。此外，英语教师还需要具备团队合作意识和能力，因为混合式教学通常需要多位教师共同协作，共同为学生提供支持。

第三，英语混合式教学的内容的要求。首先，教学内容是英语混合式教学的核心，它直接决定了教学的质量和效果。因此，教学内容的选择和设计必须慎重。教师应确保所选内容与学习目标和学生的需求相匹配，以便帮助他们更好地掌握英语。其次，合理编排教学内容也是关键因素之一。在英

---

① 田宇. 线上线下混合式"专业英语"教学的设计与构建[J]. 科教导刊，2020(20)：118.

语混合式教学中，教师需要考虑整体性，确保各个知识点之间有连贯性和衔接性。同时，时间安排也应该合理，以确保学生有足够的时间来消化和吸收所学内容。知识点的完整性也是必须考虑的因素，不应遗漏重要的内容。此外，逻辑编排微课程也是提高英语混合式教学效果的关键之一。微课程应该根据课程的逻辑关系来合理编排，以便学生能够轻松理解和学习。这意味着教师需要考虑如何有序地呈现各个微课程，确保它们之间的转换和衔接流畅，这样可以帮助学生更好地理解整个课程的结构和内容。

三、基于翻转课堂的英语混合式教学模式

基于翻转课堂的英语混合式教学模式是一种结合传统教学和现代教育技术的教学方法。在这种模式下，课堂教学和自主学习相结合，学生在课堂上扮演更积极的角色，教师则更多地担任指导和辅导的角色。

(一) 翻转课堂教学的特点与步骤

1. 翻转课堂教学的特点

(1) 师生角色发生转变。

第一，教师角色发生转变。首先，由学科知识的传授者转变为学生学习的指导者和促进者。在以往传统的课堂教学中，教师一般直接向学生进行知识灌输，而在翻转课堂中，学生的主体性被充分发挥，教师不再主宰课堂，将课堂还给学生，但是教师的主导作用在翻转课堂中被放大了，可以更好地对学生进行学习上的指导。在翻转课堂中，教师对于一些学习活动的组织策略如小组学习、角色扮演、基于问题的学习、基于项目的学习等必须要熟悉且熟练使用。其次，由教学内容的机械传递者转变为学习资源的开发者和提供者。在翻转课堂教学模式中，教师在学生课外学习前向其提供课外学习的资源，这样可以使学生更好地进行课外学习。教师可以根据学生的现实情况开发教学资源，有利于翻转课堂更好地展开。学生遇到问题时，教师应该及时处理。所以，教师要提供学生学习时的"脚手架"，方便学生获取更好的学习资源，更快地处理问题。

第二，学生角色发生转变。在翻转课堂教学模式中，学习的决定权由教师转向学生，学生由传统的接受知识的角色转变为自定步调的学生。作为

翻转课堂中的主角,学生不再被动地接受知识的灌输,而是根据需要对学习内容、学习方法、学习实践、学习地点进行控制。在翻转课堂中,知识的理解与内化需要通过小组写作的形式来完成。另外,一部分内化知识较快的学生可以将自己知识消费者的身份转变为知识的生产者,这部分学生可以担任"教师"的角色对一些学习进程慢的同学进行指导。

第三,新型师生关系的建立。在翻转课堂教学模式中,教师要以学生为中心,学生在家观看视频学习和在课堂上与同学、教师交流都体现了这一点。在翻转课堂教学模式中,和谐师生关系的重构表现为学生可以自己控制课外学习的进度,针对一些问题可以与同学、教师交流,具有学习的主体性和主动权。正是因为教师将课堂还给学生,让学生先自主学习,教师再对其进行指导建立知识体系,真正地以学生为中心,才得以更好地构建和谐师生关系。值得一提的是,教师根据不同层次学生进行分组,有利于学生们培养合作能力,促进学生全体全面地发展,建立新型师生、生生关系。

(2)教学环境实现"翻转"。科技发展使翻转课堂的普遍实现成为可能,传统课堂的教学工具一般只包括黑板、粉笔、教材、课件等内容,而翻转课堂不仅包含这些,更有线上教学资源和智能设备。在翻转课堂教学模式中,教师将课外学生要学习的资源展示给学生,学生在课外自主学习后,教师需要对学生课外学习的效果进行一定的评价,从而掌握学生的学习效果,以便更好地进行教学活动。学生们也可以在线上进行交流,共同学习,共同进步。

(3)学生学习时间自主安排。在翻转课堂中,学生的课外学习时间完全由自己支配,学生还可以利用碎片化的时间进行教学视频的观看,这都得益于现代科技的发展。在这样的条件下学习,学生可以自主地控制学习进程:对于难度较大、较难理解的部分可以暂停思考或者重复观看,对于一些简单的可以加快速度,对于无关紧要的可以跳过。另外,学生还可以在网络上就一些学习上的问题与教师和同学进行交流。学生的时间可以自主安排,这在传统教学中是难以想象的,有助于学生成为知识的主动建构者。

(4)个性化教学得到实现。传统教学注重群体教学,而在翻转课堂中,实现了个别教学与群体教学相结合。翻转课堂教学模式注重教学异步性的基础是认识到个体发展的速度不同,不同的学生各自的情况是不同的,他们具有不同的智力发展倾向和发展潜能。在传统教学模式下，教师传授给学生知识时，无法兼顾每一个学生的学习进度，因为每个人的学习能力与接受能力不同，学习能力强的人可以较快吸收内化知识，而有的学生需要更多的时间去理解知识。以往的教学要求学生在统一的安排下掌握教师所传授的知识，达到统一的要求，这是不符合人的发展规律和个人的学情的。

在翻转课堂的课外学习环节，学生对自己课前学习的进程进行自我把握，对学习内容的掌握情况进行调整，体现了异步的特点。另外值得一提的是，在课堂上采用更频繁的探究活动，教师也可以因材施教，促进学生个体化发展。翻转课堂的异步性对于改革传统课堂教学模式有着重要的意义，有利于学生自发性的学习和全面发展。

2. 翻转课堂教学的步骤

翻转课堂教学步骤可以分为以下方面：

（1）课前教学。学生自主学习的视频资源需要教师根据教学目的、教学内容、教学方法等来决定，是从网络上寻找资源还是自己制作教学视频。从网络上寻找教学资源可以通过两方面进行：一是一些可以从网络上寻找到的理科公共课程资源；二是中国国家精品课程、一些名校的公开课等也可以从网络上找到资源。网络上的资源在节省教师制作视频课程时间的同时，也可以将教师要上镜的压力消去，同样可以保证教育资源得到有效利用。教师自己制作教学视频虽然更耗费精力和时间，但是可以因材施教。例如，教师可以引入一些有趣的例子来引发学生的兴趣，在英语翻转课堂教学中，可以适当地加入一些较难的词汇和注释来促进学生加深英语的学习和英语相关知识的拓展；在制作视频时可以运用多种方式来提升视频的质量，如增强声音的感染力、运用修辞手法、控制视频的长度等。相较于在网络上寻找资源，一些信息技术素养较高的教师自己制作视频虽然耗时耗力，但是效果可能更好。

（2）课中教学。学生在课外自主学习后视频阶段的学习非常重要，这一阶段能彰显出自主学习是否有效。前一天的课外学习将为课堂教学奠定坚实的基础。在课堂教学中，教师需要根据不同的情况对学生进行针对性的教育，因材施教才能使翻转课堂教学模式发挥出真正的作用。在翻转课堂教学开始之前，教师在制作教学资源前就将学生在学习中可能遇到的问题进行假设，在课堂教学中，教师对于学生提出的问题直接给出解答或让学生自主或者协作进行探究，通过教师的引导来解决学生的疑惑。在这个过程中，教师需要密切关注各个学生的学习情况，因材施教，教师的教育智慧也会在其中得到锻炼和加强。这样的课堂才是学生和教师所向往的课堂，才是能真正发挥教师主导性和学生主体性的课堂。

（3）课后总结。学生们在经历了课外自主学习和课堂教师主导的知识吸收后，对于教学的内容和知识点有了必要的把握，但是这些知识并没有系统地串联起来，只是孤立地存在于学生们的脑海中，不能应用到生活当中。知识仅停留在认识的层面上是不会发挥作用的，学生在进行学习时，应基于对知识的认识，对新的思想和内容进行批判性的学习，在原有知识的基础上广纳新知，建立完善的知识体系。学生只有在获取知识的基础上辅以相应的技能，能够独立思考、解决问题，才能够真正地将知识化为己用。学生需要在了解知识的基础上懂得如何使用，而且要用得更加艺术、更加有效。在翻转课堂教学实践中，教师在设计课程时可以针对"知识点组"向学生们布置课外拓展任务，让学生可以在实践中体会知识的应用。通过对知识的反思和应用实践，才能使知识真正地、系统地成为学生自身知识体系的一部分。

（二）英语翻转课堂教学的有效价值

翻转课堂是基于学生自主学习、师生频繁互动建构的一种新的混合学习方式。作为一种混合学习方式，英语翻转课堂教学模式是学校和家庭在学生学习过程中所扮演角色的调整。早期的翻转课堂，就是课外学生自主学习、教师网络授课和课上教师解决问题的结合产物，发展到现在，成为现代教学模式的一项重大变革成果。在当今教育改革的背景下，急需创新的教学方式来代替传统教学方式。新的教学方式要求学生们要有良好的学习习惯和思维方法，能够独立完成课外学习和总结，能够在教师的指导下进行自主探究，养成实事求是的态度，保持一颗求知的心。

传统的高职英语课堂并没有考虑到学生的主体地位，只是机械地完成传统课堂的任务，忽略了学生的差异性，不能真正地促进学生全面发展，对于学生综合素质等培养不能落实到位。英语的各项考试成为教学的指路明灯，不利于学生培养良好的学习习惯、探究能力和解决问题的能力。传统的教育观念影响着教师的教学方法，不仅不利于学生的全面发展，也不利于教师自身的发展。

相对于传统课堂教学模式，英语翻转课堂教学模式具有创新性优势。首先是提升学生的学习兴趣，兴趣可以帮助学生更好地学习；其次是学生的创造力可以在翻转课堂中被充分发掘。作为一种轻松愉快的教学模式，翻转课堂可以使学生放松身心、主动投入，在这种环境下，创造力可以得到提升。另外，在翻转课堂教学模式中，英语教师可以搜集丰富的教学资源，将其展示给学生们，这样不仅有利于学生的发展，也有利于高等教育公平性的实现。高职英语翻转课堂教学的有效价值主要体现在以下方面：

1. 学生英语学习动机增强

翻转课堂教学模式有利于增强学生学习英语的动机，通过翻转课堂教学模式的落实，学生可以进行课外学习，而且能够根据自身的进度把握学习进度，在课上学生们自主探究和合作交流的比例比传统课堂有所增加，学生的主体性得到了发挥，这些都有利于学生学习动机的增强。通过翻转课堂教学模式的实施，学生的学习态度会变得更加积极。翻转课堂采用先课外学习，再课上探究、讨论的方式，大部分学生对于课外观看视频都十分感兴趣，这不同于学生在传统教学课上被动学习，翻转课堂教学模式中在课前学习知识和课上解决问题都是学生主动学习的表现。

采用翻转课堂教学模式后，学生的学习将变得更加自主，作为翻转课堂教学的最重要目标，学生的自主学习也是翻转课堂教学的核心要素，要求学生要为自己的学习负责。学生学习更加自主的表现为：首先是学生自主确定学习目标，自定学习目标充分考虑了自身的情况，符合自身实际；其次是学生为了达到自定的学习目标而努力，因为学生课前自主学习和课上探究、解决问题都是在为了达到这个目标而努力；最后是使用合适的手段来证实自身学习目标的实现。实施翻转课堂有利于学生按照自身的进度进行学习，有利于学生对所学知识进行灵活运用。

在高职英语课堂教学中，将传统课堂转变为翻转课堂后，一定会有阵痛期，因为学生还陷在以往传统的教学观念和教学模式中，不能很好地适应翻转课堂教学模式，对于教师控制其学习进度的依赖比较明显，难以进行课外自主学习和独立思考。学生需要一定的时间来适应翻转课堂教学模式，根据情况的不同，每个学生适应所需要的时间长短也就不同。

2.教师与学生关系更密切

采用翻转课堂教学模式,高职英语教师可以与很多学生更加频繁地交流,课堂上的学习氛围也更加积极,师生之间的关系变得融洽和谐。翻转课堂教学模式可以保持教师与学生之间友好密切的关系,也提升了师生交流的频率与质量。在翻转课堂教学模式中,教师仍然是主导,学生课前的自主学习不能代替教师的作用,视频只是起到了辅助作用。翻转课堂充分利用了学生的课前学习和课堂上的时间,将二者有机结合。在翻转课堂教学模式中,教师在课上拥有更多的时间来指导学生,通过一对一的交流,教师可以实施针对性的教学策略,这是传统课堂所不能做到的。师生之间频密的交流有利于师生良好关系的建立和密切交流。所以,翻转课堂对于高职教学中的师生关系有着很大的助力。

3.学生学习行为表现好转

在施行英语翻转课堂教学模式后,学生们的学习行为和日常行为表现会变得更好。在翻转课堂教学模式的课外,学生将付出时间和精力投入课外自主学习中,在翻转课堂教学模式的课内,学生在上课时主体性得到了发挥,课上的时间都被小组探究、讨论和解决问题等方面占用,可以更加集中精力,课堂的秩序和管理也得到了改善。

(三)英语翻转课堂教学模式的过程设计

第一,确定学生课外学习目标。在高职英语教学中,采用翻转课堂教学模式进行教学设计时,应该先确定课外学习目标。在高职英语翻转课堂教学模式中,课外教学与课内教学的位置发生了互换,学生们一共需要将知识的内化过程完成两次,在课外自主学习知识是学生第一次内化知识的过程,在课内是第二次内化知识的过程。要先确定学生的课外学习目标,才能进行下一步的设计。

第二,选择翻转内容。由于课外和课内的教学要求不同,学生们在课外和课内的英语学习目标也就不同。作为低阶思维的目标,课外学习目标在确立后,要根据学生的发展状况、特点和规律去选择合适的课外学习内容。

第三,选择内容传递方式。在确立并选择好学生课外学习目标和翻转内容后,下一步进行内容传递方式的选择。选择内容传递的方式就是选择将学生在课外自主学习的内容表达出来的工具。选择内容传递方式时，需要遵循传递内容形式丰富、获取方便、传递速度快、有利于学生个性化发展的原则。内容传递方式的选择受到多方面因素的影响，如学习内容的形式、学生的地理位置、资源大小和接收设备情况等。

第四，准备英语教学资源。在完成前三个步骤的前提下，英语教师应该自己制作学习资源或寻找适合学生的学习资源。在这一步骤中，准备的教学资源应该与教学内容相匹配，并且要符合选择内容传递方式的原则。

第五，确定学生课内学习目标。接下来要进行的是确定学生课内的学习目标，在前面的步骤中，我们将课外学习目标称为低阶思维的学习目标，相应的，可以将课内学习目标称为高阶思维目标。课内学习目标主要针对的是分析、评估和创造等内容，不同于课外学习目标，原因是课内学习目标要求学生通过与教师和同学们的交流和合作来开展教学活动，课外学习目标要求学生更多地进行识记、理解学习内容等。

第六，选择评价方式。无论是学生还是教师，在进行英语翻转课堂模式的教学活动前都要做好充足的准备，而选择合适的评价方式是非常重要的。对于教师而言，低风险的评价方式不仅可以对学生进行传统方式的评价，还可以及时发现学生在学习中遇到的问题，是在翻转课堂教学模式中的理想评价方式。英语教师可以通过发现学生在学习上遇到的困难来调整教学计划。在低风险评价方式中，课前小测验是最常见的。一般而言，可以通过3—4个问题的课前小测验对学生课外学习的成果进行评价。翻转课堂教学活动中的课前小测验可以使学生运用到自己在课外学习的知识。课前小测验对于学生和教师都有一定的反馈作用，学生可以就遇到的困难向教师询问，教师可以就学生在测验中的问题给出建议，教师和学生通过交流来完成这一环节。

第七，设计教学活动。在选择了英语翻转课堂教学模式的教学评价方式后，教师需要根据学生在学习上遇到的困难进行针对性的教学活动设计，通过指引性的翻转课堂教学模式对学生进行培养，以便学生的分析、评估和创造等高阶目标技能的养成。在设计教学活动时，可以基于问题的学习、协作探究学习和项目的学习等形式来加以展开。

第八，辅导学生。英语翻转课堂教学模式的设计中，辅导学生是最后一个步骤。在新时代，教师是学生学习的引导者，只有发挥好教师的主导作用，才能使教学活动的效果最大化。在翻转课堂教学模式的教学活动中，英语教师需要对学生的学习活动进行引导并提供相应的支持，除此之外，英语教师还需针对不同学生进行因材施教，针对学生学习薄弱的地方进行针对性的指导。英语教师在学生的学习中扮演着重要角色，在翻转课堂教学模式中，英语教师和学生要进行及时的交流，教师要对学生进行统一的总结和反馈，这样才能够促进学生对知识的吸收和巩固。

（四）英语翻转课堂教学模式的资源选择

教学资源是在英语教学过程中涉及的设备、材料、人员、设施和预算等所有能够投入教学过程的东西。科技的进步带动社会的发展，在当前的信息社会中，信息化的教学资源也就随之而来，信息化教学资源包括教学人力资源、教学环境资源和教学信息资源，是在网络环境下为实现教学目标而服务的资源。翻转课堂教学模式是在信息化教学资源的出现后才被提出和应用的。在高职英语翻转课堂教学模式中，学习任务单、教学视频、进阶练习、知识地图和学习管理系统等信息化教学资源是在翻转课堂上常用的类型。除上述教学资源外，教学辅助工具软件也是翻转课堂的一项重要的资源。在翻转课堂中信息化教学资源被大量应用，根据教学方式的不同和课程内容的不同，教师需要运用教学辅助工具来实现教学资源的制作和学生学习成果的展示等。可以将教学辅助工具进行分类，分别为视频制作工具、交流讨论工具、成果展示工具和协作探究工具四类。

英语翻转课堂教学模式所需要的教学资源多种多样，每一类都有各自不同的特点，而且每类资源中能够实际应用到翻转课堂教学模式的也有很多。面对众多的教学资源，教师要对教学内容、教学方法、学生情况等进行分析，从而甄别出英语翻转课堂适用的资源。在选择英语教学资源时，需要遵循以下原则：

第一，最优选择原则。最优选择原则是从可以选择的多个方案中选择一个最适合的方案。在高职英语翻转课堂教学模式中，教师要根据教学目标、学生发展情况和教学内容等选择合适的教学资源。

第二，具有较强兼容性原则。具有较强兼容性原则是所选择教学资源要兼容学生所持有的设备。科技的发展使人们进入了信息时代，人们的学习生活中，智能设备的大量使用使得翻转课堂教学模式的实现成为可能。手机等智能设备的出现使高职英语教学发生了变革，变得合理且高效。在高职英语翻转课堂中，学生的课外学习需要运用手机等智能设备；在课内学习中，教师要运用智能设备授课。这就需要高职英语翻转课堂教学模式采用的教学资源要能够在多数智能设备上得到完美呈现。

第三，多种媒体组合原则。高职英语教学翻转课堂的教学资源形式可以包括文字之外的图片、视频、声音等形式，综合利用教学资源形式就是多种媒体组合原则，多种媒体组合原则体现了教学活动中以学生为本的原则。

（五）英语翻转课堂教学模式的活动设计

高职英语课堂翻转教学的教学活动和设计有两方面的内容，分别是课外活动设计和课内活动设计。

第一，英语课外活动设计。首先，在线学习。在线学习的过程中，学生要先进行自主英语学习，了解课程内容，掌握主要信息，自主学习的主要方式是观看教师准备的教学视频、电子教材和资料等。在一些教师准备的英语教学视频中还可以添加一些激发学生兴趣的材料、问题和例题等，以增强学生在线自主学习的效果。其次，交流讨论。英语教师和学生在课外学习活动中的交流讨论是通过在线交流工具和讨论区来实现的。英语教师和学生通过在线交流形成独特的在线辅导和自组织学习的学习模式，交流的主体可以是教师指定的，也可以是学生通过讨论指定的。经过交流和讨论，有利于学生对课外自主学习知识的掌握。最后，在线测评。课外活动设计的最后一步是在线测评。在进行课外自主在线学习后，英语教师需要对学生关于知识的掌握情况进行一定的了解，这就需要在线测评发挥作用。在线测评在检验学生在线学习效果的基础上，提供给教师解决学生问题的机会，也为之后的课内教学活动打下了基础。

第二，英语课内活动设计。英语课内学习活动可以分为两种：一是个体学习活动，二是小组学习活动。根据翻转课堂的特点可知，影响高职英语翻转课堂教学最重要的一点是，课内教学活动中学生知识内化的情况。因此，在进行高职英语教学翻转课堂的课内活动时，需要留意翻转课堂教学要素是否有利于学生发挥其主体性，以及是否以此实现了对课内教学活动目标的达成。

第五章　改革视角下的高职英语教学模式

随着现代教育技术的不断更新和互联网的发展，高职英语教学改革势在必行，高职英语教学需要以实用性为依托，追求教学模式的改革与创新，从而更好地满足学生的就业需求。本章重点探讨高职英语教学模式改革的思路、高职英语实训教学模式的改革、基于岗课赛证融通教学模式改革、OBE理念下高职英语教学模式改革、STEAM视角下高职英语教学模式改革。

第一节　高职英语教学模式改革的思路解读

随着现代社会对教育越来越重视，传统的高职英语教学模式已无法适应新时代发展的需要。因此，教师要积极转变新时期的高职英语教学模式，以便学生在英语能力方面获得更好的发展。

一、高职英语词汇与语法教学模式的改革

(一) 高职英语中词汇教学模式的改革

1.英语词汇教学改革的必要性

词汇是语言组成的基本单位，同时也负责语言含义的表达。在平常的阅读中，如果读者不具备一定数量的词汇和习语，即便对阅读方法和技巧较为熟悉，也不能完全正确地理解文章所要表达的深刻内涵。学生想要提高阅读速度，就需要储备足够的词汇量，这对学生的其他语言应用水平有很大影响，如听、读、说、写、译等。因此，想要学好英语这门语言，掌握大量的词汇是必要的。当前高职学校英语词汇教学存在以下问题：一是学生的词汇基础不牢，学习方法不当。由于词汇是学生学习英语过程中的重要障碍，所

以高职学生的英语基础尤其是词汇基础不够牢固。单调的词汇背诵使许多学生产生了畏难情绪，对英语学习失去了兴趣。二是教师不注重词汇方面的教学引导。部分教师在授课过程中将多数时间花在语法教学和结构分析上，在词汇方面的讲解较少，大都需要学生自己记忆和掌握。由于教师在这方面的教学和引导不足，导致学生的词汇学习往往效果不佳。因此，在高职英语教学中，应当充分重视词汇教学。

2. 英语词汇教学改革的主要方法

（1）融入词汇学知识。英语语言中词汇的构成是遵循某些规律且具有相应意义的。单词的词义是通过词素产生的，也是由其构成的，词根尽管不是单词，但是词根决定了单词的基础意义，所以也非常重要。因此，教师在授课过程中一定要注重词汇学的讲授。在遇到构词法形成的新单词时，教师应逐步拆分讲解、举一反三，加上前缀和后缀的变化，扩展新的单词知识，融会贯通。因此，可以从一个单词出发，扩展至一组单词，学生也可以更好地理解。词汇学知识是最简单、便捷的学习英语词汇的方式，不仅能提高学习效率，还能让学习更有趣味性。

（2）传授词汇记忆的方法。教师在教学中很重要的一点就是通过恰当的方式让学生认知词汇并形成印象，加深记忆，尽可能储备词汇量。所以，教师要在例句的选择上尽可能贴近生活，才能使其更有亲近感，更容易被记住。在呈现词汇时，教师应借助对比、联想等方式加以引导，关联到学生熟知的反义词、近义词、同义词、词组搭配等，教师应通过熟悉的词来解释生词，让学生产生联想。

（3）结合语境与扩大阅读量。语境是指一篇文章中单词、句子和段落之间的上下文关系。教师在英语词汇教学时也应该根据语境来讲授。一般情况下，同一个单词会有多个含义，只有结合具体的语境才能确定其具体含义，要掌握词汇意义的重点就要结合上下文。同一个词在不同语境中的意义也有所不同。在学习词汇的过程中，人们总是遇到一词多义的情形。所以，要根据具体语境来教学和学习，依据上下文关系和含义确定具体词义。

词语的高频出现往往有助于学生的词汇记忆，也能帮助学生更准确地了解单词的使用。由于课本上的词汇量是有限的，所以词汇的复现率不高，因此要扩大词汇量就要通过大量阅读的方式获取。如此，学生就可以在阅读中发现不同语境中词汇的多种用法和不同意义。由于词汇存储量和阅读量成正比，所以教师应该倡导学生利用空闲时间多多阅读。网络资源丰富多样、种类齐全、时效性较强，所以要加强引导，让学生充分利用网络信息资源，借助手机、电脑等现代化设备，通过学习英语相关的软件自行阅读。

（二）高职英语中语法教学模式的改革

1. 英语语法教学改革存在的问题

语篇语法教学模式产生于20世纪末期，其在英语教学中成效明显，能很快融入课堂教学中。人们通过分析和对比发现，这种语篇语法教学模式以前未被重视，学生都是通过传统方式进行学习，使得大部分学生尽管能掌握基本语法知识，但是却无法将其应用到实际，表明传统的教学方式存在很大的桎梏，只注重浅显、表面的含义理解，而忽视了语篇应用，对英语学习来说是一项较大的阻碍。

对于高职英语语法教学而言，最重要的目标就是让英语成为实际应用的交流手段和工具。要求其教学方式与其他方式有所不同，要注重在实际中的具体应用，而不只是学习书面知识。所以，高职英语教师一定要将语篇语法教学应用到实际教学中，保证学生既能学会也能应用自如，这是掌握一门外语的基础目标。高职学校英语语法教学主要存在以下问题：

（1）难以激发学生的兴趣。英语课堂知识停留在教师层面，部分教师没有明显认识到这种传统教学模式的劣势，还是遵从学生中学时代的教学方式，课堂缺乏互动，教师依然是课堂的"主体"，学生被动地接受知识"灌输"，丧失了主动思考的热情。这种教学模式不能激发学生的学习积极性，使得英语语法课只剩单调和乏味。

（2）忽视文化背景，教学观念墨守成规。学生学习的方式也存在一些问题，很多学生只是在机械式地朗读和背诵，不是通过理解加深记忆，而是采用死记硬背的方式记住语法知识，也就造成很多语法知识并不能关联实际，更无法应用，同时也没有注意到文化背景的差异性，习惯于用汉语思维去接受英语语法，进而出现汉式英语。高职英语教学之所以脱离实际，是因为很多直接翻译加之语法规则的不完全、不准确掌握，让实际交流变得困难。大部分高职英语教师只侧重于书面教学，不注重实际应用，忽略了学生的语言技能和实际联系，只从书面上剖析和解释语法知识，不在意其具体应用。所以很多学生的实际交流能力异常薄弱，这是教学理念落后造成的结果，也让教学方式始终与现代化理念不相适应。

（3）语法教学方式单一。一些高职英语教师在语法教学过程中，通过传统翻译的方式开展教学，也就是先将具体的语法概念和规则传授给学生，通过例句的方式让学生翻译，课后再练习即可，这种教学方式是将教师作为课堂的"主体"，而非学生，学生仅是在被动接受，不能体现其主观能动性，加之课堂本身乏味刻板，更难以让学生产生浓厚的学习兴趣。准确掌握语法规则不代表可以将语言使用自如。很多学生虽然十分了解语法知识，明白语法概念和语法规则，但是没有实际运用的能力。若只是将语言作为静态、客观的书面知识进行讲授，而忽略语言在发展过程中的文化背景、交流交际和社会影响因素，那么就很难真正掌握好一门语言。

（4）语法教材与高职学生英语基础水平不符。高职院校的学生学习基础较差，英语语法也是如此，但是在实际教学中，其使用的教材是专业教材，对学生的英语学习而言本身就有一定困难。由于教材系统性、完整性较强，但是相对于高职院校学生的实际需求而言针对性较差，而且教师在教学过程中也没有考虑到此种差异，只是依照课本进行讲授，加上教学方式的枯燥单调，学生很难掌握好语法知识，也就无法真正提高学生的英语能力。

2. 英语语法教学改革的具体策略

英语语法学习是英语学习的重要组成部分，英语语法教学的水平直接影响着学生的语法能力。英语语法教学改革的具体策略如下：

（1）语法教学对学生听、说、读、写、译综合语言技能的提升具有重要的作用。具体而言，学生的语法水平直接制约着英语语言的理解能力和水平，并和五项语言技能的综合发展直接相关。例如，在一些专业知识领域的英语文章中存在诸多结构复杂的句子，对这些句子的理解往往需要借助语法知识加以分析。

（2）语法教学对学生听力理解及口语表达的精确性有推动作用。语法作为语言组织的规则，能够让学生在有限的词汇量下按照一定的语法规则创造出无限的句子。从这一点上来看，也体现了语言交际任务的目的。如果在具体的交际环境中频繁使用毫无语法规则的句子，就会产生交际障碍，同时也不利于交际活动的正常进行。语法教学围绕交际任务进行，并在交际中恰当、适时地融入语法知识，这不仅利于提高交际的准确性，还能保证交际的有效进行。

（3）为学生英语技能的可持续发展夯实基础。语法教学对语言知识的学习和关注利于语言学习的长远进步。英语是一门在工作和国际交流中的重要语言，校内对语言知识和技能的学习很关键，毕业工作后能够让学生具备对语言知识和技能的自学并深化的继续学习的能力，也是英语教学的要务之一。而扎实的语言知识能让学生在自学过程中占据优势。总而言之，语法教学具有重要的意义和作用。为了更好地为以后的交际服务，目前还需要进一步进行语法知识的学习，同时进一步深化语言交际技能。

二、高职英语听力与口语教学模式的改革

（一）高职英语听力教学模式的改革

1. 英语听力理解的影响因素

高职院校开展英语听力教学，首先会进行英语生词的讲解和背景知识的介绍；其次教师会为学生播放听力材料，听力结束后对听力答案；最后再听一遍录音材料，这样的教学方法比较机械，没有发挥出教师的真正作用，要知道听力并不是简单的被动地听的过程，听力需要学生调动自身的积极主动性去分析听力中涉及的语言、思维、背景知识。当学生听到听力内容后，除了要分析所听到的单词、句子语调、句子中涉及的语法外，还需要对听力涉及的非词汇性知识进行思维分析，通过分析理解听力所传达的真实信息。换言之，是在录音材料的基础上重新结合、创造知识，经过创造性的思维活动重新建构与听话者原有的知识结构和已获得的信息相吻合的新信息，也就理解了说话者的意图。简而言之，听者先要分析语音语调、理解词汇和语法结构，然后再把各种因素结合起来，结合即时语境和社会文化语境对话语进行分析和理解。

听力理解过程是一种积极主动的解码过程和意义重构的有机结合。因为语言是借助声音、词汇和句子来表达意义的有机系统，所以听者的最终目的是确定话语的表达主题。听力理解过程是大脑中枢神经活动的分析和综合

能力在接受和处理言语信号中的体现。它们不总是按照顺序一个接一个地发生，而是有可能同时进行或根据需要前后转换。

造成听力理解困难的原因有很多，除了听力本身具有的复杂性外，还与听者、说者、听力题材、听力内容、听力涉及谈话场景有关，这些因素都造成了听力理解困难。影响听力理解的众多因素涉及多个方面，大致可以将影响因素分为语言影响因素和非语言影响因素。语言影响因素包括听者的语言掌控能力、语言知识储备、语言技能水平，也就是听者自身的语音能力、词汇量及语法熟练度。

2.元认知与听力理解的改革

（1）听力理解过程中的元认知。一次完整的英语听力理解过程由多个内容构成，包括对具体字词、音义的分辨与理解，以及对整体意义的思考与构建。学生在完成听力理解的过程中，需要经历复杂的心理过程，他们要将整个听力理解过程当作意识形态去观察、监控，并且要及时发现过程中出现的问题并迅速解决。由此可见，听力理解实际上不仅是认知过程，更是元认知活动过程。影响英语听力理解的因素主要有三类：①陈述性知识，包括听力内容中的社会背景和文化背景，还包括与目的语相关的语言知识；②程序性知识，包括完成听力理解的技能性内容，如记录、预测、联想和推理等；③条件性知识，指的是对听力技能和听力策略的理解，包括理解听力技能和策略都是从哪些方面影响听力理解的，以及在哪些时间、如何合理地使用技能的判断能力。

所谓元认知，是指活动主体在听力理解活动过程中对听力策略、技能的合理选择，以及对资源的合理分配。具体而言，听力理解的元认知包括听力之前预测、听力过程中选择技能策略、合理安排注意力等。在这一基础上进行的听力监控，是指听力理解活动过程中，主体对自身所选的策略技能有所认识，当发现所选择的策略或技能无效而造成听力理解失败时，及时采取补救措施以解决问题。另外，主体还要进行听力理解评价，即在听力理解活动后对活动效果展开的自我评估。

（2）提高听力理解的元认知能力。听力理解中的元认知对有效完成隐喻听力理解具有至关重要的作用。其在英语听力理解教学中应当有以下运用：

第一，学生如果不能获得理想的听力理解效果，则应当努力提升元认知意识。这就需要教师发挥指导作用，一方面要为学生明确元认识的概念以及其与认识的本质区别；另一方面要亲身示范，在课堂教学实践中为学生演示成功完成听力理解的每一个步骤，细化教学内容，还要从整体上指导学生监控和思考整个听力过程，从而使学生认识到元认知及其能力，也就是对认识的监控和调整能力的重要性。另外，还可以组织学生进行元认知讨论活动，分组或者全班一起讨论各自进行听力理解所采用的理解策略，鼓励学生互相分析合理性，并反思与评估听力理解的结果。

第二，教师在指导过程中不仅要传授给学生陈述性知识和程序性知识，并培养相关能力，更要重视教授条件性知识。因此，与学生共同探讨就成为教学过程中较为重要的环节，通过共同讨论，可以了解不成功学生在技能策略方面的使用情况，从而因材施教，根据学生不同的认知风格，帮助学生合理选择技能并有效解决问题。

另外，教师应注重理论和实践相结合的教学方式，在教授策略的基础上要加强学生在听力理解实践中的策略使用训练，使学生做到学以致用，将技能策略灵活地应用于具体活动中。

认知调节能力是学生必备的能力。对此，教师应指导学生合理地计划与监控听力理解，还要鼓励学生在听后积极进行自我评价。教师还可以要求学生记听力日记，复盘整个听力理解活动，使学生更加注重过程而不执着于结果。认知调节能力的培养，有助于学生更好地监控、把握和调节自身的学习过程，从而形成良好的自主学习习惯。

听力理解的不成功，除了与知识、技能有关以外，还与个体的人格特征相关。因此，英语听力理解的教学课堂，不仅是知识的课堂，也是心理的课堂，教师应尽力缓解学生的焦虑情绪，培养学生的耐心与信心，对不成功的学生给予尊重、理解与帮助，激发其在逆境中的学习动力。

综上所述，第二语言听力理解活动的成功在很大程度上与学生在活动过程中的自我监控能力有关。具备较强元认知能力的学生，能够在听力理解中有效监控自身认识，因此往往在英语听力理解中能够取得较好的效果；而缺乏元认知能力或具有不良人格特征的学生通常缺乏对自身认知的有效监控，因此无法完成成功的听力理解活动。这就要求教师在课堂教学上要关注到不成功的学生，了解其知识和情感上的需求，努力营造轻松适宜的学习氛围，积极调动他们的内在学习动力。同时，教师要针对不同学生的情况，制订不同的培养计划，提升学生的元认知能力。另外，教师还要提高自身的教学能力，增加元认知相关知识的学习培训，以理论结合实践，更好地帮助学生提高计划、监控和评估的水平，从而成功完成对整个英语听力内容的理解。

3.英语听力方式的改革策略

（1）拓宽文化背景知识。人们对于新信息的接收和理解建立在已有信息的基础上，人们会将信息与已有信息联系起来，通过已有信息的背景知识（图式）对新信息进行解码，然后储存于大脑中，形成新信息与旧有图式的匹配模式，从而完成信息的处理过程。从一定角度而言，听力理解的过程可以看作新信息与已有知识或图式之间的相互作用。在这一过程中，能否在听力理解活动前激活相关图式显得至关重要，因为其决定着学生能否有效吸收新的信息。

在听力训练中，对语言材料的接收训练十分重要，接收语言材料要具有目的性，要接收对理解内容有帮助的材料。要想学好英语语言，就要了解英语国家的社会文化与风土人情，对不同国家的不同文化有所认识，重视不同国家之间的文化差异，了解得越透彻，就越容易掌握英语语言，在听力理解的活动中就越得心应手。

听力理解的难度不仅取决于语言文字，更取决于对内容相关知识的了解。学生在听到一些熟悉的、自己比较了解的内容时，预测和联想会起到很大的作用，对情境的发展方向和最终结果都能有很好的判断，同时大脑中相关的知识背景储存会弥补语言的陌生，如此，即便材料中出现较难的词汇，也能够理解。反之，在听到自己不熟悉的、专业领域以外的内容时，大脑中没有相关知识背景的储存，无法联想和预测，这时的信息完全来源于所听到的语言，听力难度就会加大，即便表面上理解，其内涵也很难掌握。对此，教师要帮助学生在听力理解中最大限度地运用文化知识，在语境中理解听力内容，一方面要激活学生头脑中已有的知识和信息；另一方面还要帮助学生不断扩展知识面，为学生弥补欠缺的文化知识。

由此可见，英语教学的目的不仅在于培养语言的使用者，更在于培养与不同国家、地区的人们开展文化交流的综合性人才。因此，听力教师应重视知识与文化相结合的教学方法,在实践中激发学生对不同文化的兴趣,从而使其更好地学会外语。

(2)提升听力技能。听力理解的重点在于如何分辨听到的语言、理解词语,这就需要掌握一定的听力技能。听力技能的掌握有助于提高听力理解能力,在听力理解的过程当中学生存在理解误区,往往追求听懂每个单词,理解所有的句子意思,但这几乎是不可能的。听力的关键在于从听力内容中抓住关键点,理解听力的主旨及如何关注细节,联系上下文理解整体内容。在听力理解的过程中,大脑应该始终关注听力内容中的关键词,并根据关键词理解听力的主要内容。教师也应该在听力理解的过程中指导学生不要过于关注每个词语的意思,而应该关注关键词,注重理解整句话的整体意思。与此同时,也要注意每句话之间的关联词语、转折词语以及能够体现文章逻辑联系、逻辑转折的词语,对以上这些点的关注其实就是在区分文章的主次内容。

从心理学影响方面来看,听力理解需要听者展开积极主动的思考,是听者和说者之间的信息交流、信息传递过程。在实际的听力课堂上,由于课堂气氛比较严肃,因此容易引起学生心理紧张。在心理紧张的情况下,容易影响听力能力的发挥,尤其是当学生遇到生词时,这种紧张感会加剧,进而影响到听力的结果。因此为了良好的听力效果,教师应该缓解学生的紧张情绪,帮助学生建立听力自信,消除他们心理上的障碍,调动他们对听力的学习兴趣。例如,在开始听力理解前播放轻松的音乐,让学生处于放松状态,也可以在听力理解开始前提前和学生说一些有关听音的问题,帮助学生集中注意力,使听力过程处于良好的状态下。另外,还应该在日常课程中培养学生的心理素质。

大脑在身心比较放松的状态下工作效率最高,因此在进行听力理解时,教师应该帮助学生放松身心,这样有助于学生更好地接收声音信号,提高听力理解的效果。刚刚接触听力理解的学生如果听不懂,要尽量放松心态,不要着急,在身心比较放松的情况下,注意力比较容易集中,再辅助训练,可以逐渐提高听力效果。听力理解除了依赖于良好的心理素质外,还必须克服对文字材料的依赖,听力理解注重的是英语式思维,应该注意培养英语语感。通过不断地训练帮助学生养成良好的英语听力习惯,让学生体验到英语听力的快乐,使其在轻松愉快的氛围中提高英语听力的水平。

听力活动和听力训练材料的设计应以听力教学的目的为出发点。听力教学的目的是使学生具有语言交际能力,因此听力活动的设计要考虑环境因素,训练材料的设计要放入语境中,英语要体现真实的特点,要反映出真实交流中常有的停顿、重复、思考、犹豫等语言特点。多媒体教学在这方面具有突出优势,运用多媒体教学能够做到视听结合,为学生营造真实的语境,并且学生还能够与之进行交流。

兴趣产生内在动机,内在动机促进学生取得学习上的成功。对于学习而言,兴趣不但能够使学生主动学习,提高学生的注意力,还对整个教学过程起到影响和制约作用。因此,能够使学生产生强烈求知欲并且投入学习当中的教学,才是好的教学;反之,如果不能引起学生兴趣,则是失败的教学。在英语听力理解的学习过程中,激发学生兴趣始终都是重要的任务,教师要重视学生的学习兴趣,通过各种教学手段,激发学生学习的主动性与积极性,培养学生自主学习的能力,从而提高学习效果。

终生教育是教育的重要课题及最终目的。实现终生教育的途径在于培养学生的学习自主性,也是高职院校在教育教学中的重要任务,而自主学习能力可以通过学习策略的训练来实现。因此,目前国内外英语教学都更强调学习策略。

学习策略可以分为两个方面:①元认知策略,它是学生的自我管理策略,指学生通过计划、监控和评估等策略,实现学习活动过程的完整和顺利;②认知策略,它是大脑对新输入信息的处理策略,和学习任务直接相关。策略培训是教学中的难点,具有高度的创造性,其最终目的是帮助学生了解自己的学习状态,并且根据自身情况熟练地使用相应的、有效的学习策略。策略训练对学生激发学习兴趣、提升学习效率有巨大的帮助作用,因此教师应在课堂教学中重视听力策略训练,使学生掌握学习策略,促进听力理解水平的提升。

4. 英语听力理解的元认知策略

学习策略在听力理解中具有重要的作用,其中最重要的是元认知策略,其对于提升学生的听力理解水平具有非常大的帮助。在听力理解活动中运用元认知策略,学生能够有效地做到自我规范及调整,及时发现并解决认知策略中出现的问题。

在开展听力理解活动前,教师的任务是使学生明白听力理解的内涵,其并不是单纯的听到和明白的过程,而是"信息重建"的过程。这一过程要求参与者发挥主动性,以听到的语言为基础,利用大脑中已有的信息和知识,通过推理和联想了解新的事实、接收新的信息。因此,在听力理解中,听者要充分发挥主观能动性,积极参与,调动积累的语言知识和非语言知识,对语言进行筛选重组和编码储存。此外,教师的另一个重要任务就是采用有计划的、合理的策略培训学生,帮助学生确立短期和长期的学习目标。

(1) 帮助学生制订学习计划。首先,学习的元认知策略中包含学习目标的确立,制定学习目标是对学习本门课程最终目的的梳理。学习目标分为长期和短期,听力理解中的长期目标当然是能够成功地完成听力理解测试;短期目标也较为重要,教师可以帮助学生根据自身特点制定短期目标。例如,词汇量小的学生可以制定识记单词的目标,每天完成多少个,提升单词掌握量;语音差的学生可以从听音和辨音开始,制定每天所听的数量,掌握语音技巧;对于听力水平较高的同学,则可以制订听写计划,根据自身水平由慢至快,不断提高。其次,将新旧知识信息关联及选择对象集中注意力是十分重要的元认知策略。教师在教授新的词句时,应指导学生通过已有的旧知识来接收新的知识,使学生能够把新旧知识融会贯通。

集中注意力是学习中至关重要的要求,尤其是听力理解。在听力理解过程中,听者应把重点放在篇目的篇首尾句、段首句、核心词汇等上,篇目的中心思想或段落的概括句往往出现在这些位置。以新闻篇目为例,在一篇新闻中,整篇和段落之前通常会出现"引言",引言在新闻中是最本质、核心的内容,抓住引言,就等于抓住新闻的主旨和内涵,听懂全篇新闻已经成功一半。因此,遇到新闻类型的听力篇目,要做到牢牢把握"第一句",重点聆听"段首句",努力提炼关键词。

(2) 培养学生监督自己。在学习的过程中,学生会针对学习目标制订相应的学习计划,随后通过技能和方法完成这一计划,判断和监督这些技能和方法的过程就是监控策略。掌握关键句和关键词后,下一步就是关注语段中的衔接部分,找出贯穿语段的线索,如时间线索、地点线索、人物线索等,理清篇目的逻辑关系和人物关系,从而将每一段内容连贯起来。做到这些后，教师可以引导学生做听力笔记，同时教授相关的笔记技巧，指导学生通过笔记来检验自身理解的正误，也可以组织全班或分组讨论，让同学们互相分享听力经验和笔记方法等，培养学生发现问题、解决问题的能力，从而提高自身的监控能力。

(3) 培养学生听力的评估策略。在完成一次完整的听力理解过程后，学生会回顾这一过程，并对完成情况进行自我评价，这就是评估策略。通过评估策略，听者可以判断出自己听懂内容的比例及认知判断的对错。长期使用这一策略，则可以直观地看出自己的听力理解训练是否有所进步。通过培训，学生在元认知策略的使用方面能有很大进步。

(二) 高职英语口语教学模式的改革

1. 英语口语学习方式的改革

在人际交往过程中，口语发挥着重要的作用。对于绝大多数中国学生而言，英语学习最难掌握的就是口语技能。同样，口语也会阻碍学生英语水平的提升。语言是人们交流和沟通的工具，是人与人之间的桥梁，面对世界经济一体化的现状，英语在语言沟通中扮演着十分重要的角色。所以英语学习就显得尤为重要，各界人士也对英语学习有更多关注。英语口语同书面语不同，口语讲究沟通，讲究实际运用，口语体现语言最本质的特点——沟通与交流。

目前，很多英语教师仍采用旧有的教学方式，然而旧式教学已跟不上现在所需要的英语教学模式。传统的教学方式更注重语言规则和书面运用，却忽视了学生交际口语能力的培养，造成学生在英语学习中只注重背单词，提高书面成绩，却不能将其灵活运用到日常生活中。在这种模式下，学生有以下特点：对于大部分学生而言，口语是最难过的关卡，很多学生没有合适的场景进行口语交际与训练，所以在与外国人交流时，即使脑海中有许多想法，但却不能流利地用英语表达，表达出来的仅仅是简单的单词。对教师而言，英语教学更多的是单方面对学生实行传统教育，依然坚持"教师为主体"的教学模式，教师倾向于将自己所知晓的知识点灌输给学生们，表现为单词和语法的教学，对于学生实行的是操作式教学，通过大量重复的练习使学生加深印象。

在口语学习的过程中，元认知发挥着基础、连接的纽带作用，它规范着学生的口语练习、监督着学生的口语过程。如果学生能够掌握这一项基本技能，就能够准确评估自己的学习状况，对自己有明确的定位和认知。当与他人交流时，就能通过这一项技能获得反馈，从而评判这一过程是否成功得体。如此就能形成良性循环，使学生在口语学习中处于主动地位，从而不断提升自己的口语水平。

2.英语口语教学中元认知策略

元认知策略在口语学习中十分重要，能够监督、规范、指导对学生的口语教学。同时，在交流过程中，通过元认知策略对交流过程进行反馈，才能提高学生的口语表达水平。

（1）英语口语教学课前准备工作。要想提高英语教学水平，首先要从教师着手，教师要做好充分的课前准备。其次，要对学生的口语能力有所了解。了解学生们的语言水平，能够让教师心里有估计值，从而制定更加合理的学习方法应对学生的口语学习，并且能让双方都有共同的目标，共同进步。最后，教师要对学生的元认知策略有所了解，学生对元认知策略的掌握程度则从侧面反映了学生学习的自主程度。

（2）英语口语教学课中实施。

第一，逐步分析新型的教学模式。新事物的出现必然需要经历缓慢的被人接受的过程。教师为了使学生更好地理解和接受这一教学模式，应该在教学开展之前向学生们进行概括，让学生们认识到这一教学的目的和过程。新事物并不能够被所有人接受，学生不一定能够接受此种新的教育方式，甚至可能会有排斥心理，学生们已经熟悉被动的学习模式，忽然之间让他们转变到自主学习的模式可能会感到陌生。教师也不能因为这种情况的出现而感到着急或者恐慌，教师可通过比较教学，通过将新式的教育模式和旧式的教育模式做对比，将两者之间的差异更好地展现出来，从而提高学生的自主学习接受程度。教师也可以根据学生的自身情况，分别给每个学生制定适合自己的学习目标，让学生产生学习动力。

第二，提高学生元认知策略意识与行为。在认识新型教学模式的前提下，在学生原有的元认知策略基础上，教师应教授学生更多的元认知策略方面的知识，让学生们充分了解英语学习的重要性。如此可以使学生在潜移默化的影响下,熟练运用元认知策略。

一是明确自己的能力。学生对自己有足够的了解和明确的定位。当他们在学习中遇到问题时,就能根据问题的特点,在脑海中有清晰的定位,将有关的单词、字句组织运用到合适的场景当中。

二是加强逻辑思维能力。教师应当努力引导学生进行思考,让学生认识到学习过程中技巧的重要性。学生可以将遇到的问题分门别类,每种问题都有对应的思考模式,学生可在群体中提出自己的问题,表达自己遇到的问题,由同伴们一同解决所遇到的问题。理清思考过程对于问题的分类和解决有着十分重要的作用。

三是学生对自己的学习任务进行规划。学生要主动学习,主动地制订自己的学习计划。学习计划包含对学习时间和学习材料的规划。

四是在口语学习的过程中不断反思自我。对教师而言,要反思和回顾整个教学过程,要收集教学过程中的有关数据和相关观点,正确评估,制定合适的策略,并及时舍弃不恰当、不合时宜的策略。

五是自我评估。自我评估就是要思考口语过程。学生不能总是处于被动的学习状态,要主动学习,要学会采取独立评估手段。当学生发现不同规则下的学习活动其实有很大的共通之处时,就能在学习过程中有策略地进行学习。

对教师而言,教师口语能力的元认知策略有八种:①要制定合适的目标;②要为口语交流制定目标;③不断发掘适合自己的学习策略;④时刻关注自己的学习策略;⑤要统筹考虑,从全局出发;⑥多方面评估自己的口语能力;⑦通过外界的监督学习来督促自己完成学习计划;⑧要制定合适的评价策略,来测定验收成果。因此,教师可通过以上手段帮助学生进行口语练习和学习。

三、高职英语阅读与写作教学模式的改革

(一)高职英语阅读教学模式的改革

1.高职英语阅读教学的现实基础

(1)高职英语阅读教学存在的问题。

第一,词汇和语言知识障碍。英语教学普遍存在重精读、轻泛读的倾

向。语言因素限制了英语阅读能力的形成。词汇量是阅读的基础,要达到一定的阅读效果,学生应该选用词汇难度适中的阅读材料进行阅读。在阅读英语材料的过程中,生词或者熟悉但含有新意义的词往往会成为学生理解的障碍。在实际阅读中,那些基础弱的、词汇量掌握还不够多的学生的主要任务应该是通过阅读不断积累词汇,掌握语言结构和语言知识。

第二,阅读技能障碍。学生在阅读文章时缺乏语篇分析能力,很难理解文章的中心意思。在阅读一篇文章之前,首先要厘清文章的体裁。英语语篇按文体分为记叙文、描述文、议论文等。这些文体又应用于新闻报道、广告、法律、文书、学术论文等。针对不同的文体,学生缺乏学习策略的认识和运用,在一定程度上影响着学生的英语阅读速度和效果。有些学生只拘泥于文章的表层特征,不能根据阅读材料中所提及的信息进行有效推理,挖掘文章隐含的深层含义。

第三,文化知识障碍。影响学习英语阅读理解能力的一个重要因素就是缺乏必要的背景知识。感悟能力是学生在英语阅读中应具备的必不可少的能力,是一种创造性的思维能力和美学欣赏能力。另外,包括阅读习惯、阅读心理、文化背景等非语言因素在内的知识与能力的欠缺也会阻碍英语阅读能力的发展与提高。

(2)传统英语阅读教学模式及其不足。

第一,阅读教学模式。语篇教学是阅读教学的关键和目标,根据文体特点来组织、设计教学,优化教学方案,是较好的切入点。语篇教学法的基本教学原则在于阅读教学应是课内外创设条件,让学生自我进行语言学习,创设条件产生课堂训练中的信息差。其他的教学法还有整体教学法、线索教学法、速记教学阅读法、背景知识介绍法、段落提问教学法、讨论教学法、翻译法、结构分析法、意译法等。下面是常见的用于文献阅读的三种理解模式:

一是自上而下模式。母语阅读者或外语水平较高的读者多采用自上而下的模式。阅读者首先利用世界性知识、语言知识和对问题的了解来理解整体意义,用语境来猜测生疏项目的意义,然后才仔细研究意义如何表达。

二是自下而上模式。初学者多采用这种模式阅读,认为阅读理解是一个转换代码或处理字母与词的过程,教师逐词逐句地处理,最后得出文章的意义，每一层次的加工完成之后，才能开始下一个层次，直至得出文章的整体意义。

三是交互补偿模式。交互补偿模式是以上两种模式的结合。它既强调背景知识、上下文预测的重要性，又不忽视单词、短语和解码能力、迅速捕捉关键信息以理解阅读材料的重要性，反映了阅读过程的本质。

第二，传统英语阅读教学模式的不足。文献中常见的以上三种阅读理解模式和框架显得太宽泛，不易在教学中把握。实际教学中学生的阅读习惯难以形成，这是因为学生采用的阅读方法不正确，学生之间缺乏交流，教师对学生的阅读技巧缺乏必要的指导等所致。传统英语阅读教学的不足主要表现在以下方面：

一是注入式教学，忽视学生的心理因素。教师"填鸭式"的讲授方式，造成阅读课堂没有交流、没有互动，学生的学习过程只是被动地接受语言知识，学生从中获取的知识仅限于孤立静态的语言表达方式。教师片面强调教学，忽视了学生的心理因素，最后导致课堂教学中缺乏情感交流，学生上课参与意识不强，对英语缺乏兴趣。

二是强调知识点的讲解，忽略了培养学生的阅读能力。英语阅读教学习惯于帮助学生理解句子中的语法，教师以语言、语法的讲解为主要的教学目标，这就导致教师在阅读讲解时将阅读文章拆分成单个句子，对句子进行语言句法的讲解，进而让阅读教学变为语言知识教学。但是，却缺少培养阅读相关的文章逻辑、文章段落的衔接、文章的结构、文章的风格等方面的教学。学生过于关注阅读文章中的语言和句法结构，忽略了对文章整体主旨内容的把握，导致阅读水平没有提高。

2. 高职英语阅读教学的原则与步骤

（1）高职英语阅读教学的原则。

第一，以学生为中心。提高学生的英语阅读理解能力和语言能力是英语阅读教学的出发点和最终归宿。在课堂教学中，将主动权交还给学生，调动其积极性，使他们成为课堂活动的主动参与者。同时营造一个宽松的学习环境给学生自由发挥的空间，培养他们的思维能力。

第二，有效激活图式。阅读理解是一个复杂的认知心理过程，教学中要以激活学生的相关图式（知识结构）为目的，通过对文章标题、插图、关键词等线索的讨论，向学生介绍英语国家的政治、经济、文化、历史、地理、风土人情等背景知识，迅速调动头脑中的相关背景知识，帮助他们理解阅读中碰到的新内容，以提高阅读速度。阅读训练的过程当中，教师应该注意使用启发式和讨论式的方法，这样的方法有助于提高学生对阅读的兴趣，在必要的情况下需要为学生提供背景知识，引导学生猜测阅读内容。成功猜对的情况下，可以极大地激发学生的学习兴趣，有助于开展后面的阅读理解教学。除此之外，教师应该了解学生的心理特征，帮助学生营造轻松的学习环境，消除学生内心对阅读的焦虑，清除学生心理上的阅读障碍。

第三，培养英语思维定式。训练英语思维定式可通过三种方式：①在阅读知识转化为表达能力时，朗读的作用尤为重要；②句型快速反应训练也是培养英语思维定式的有效办法；③视觉感知的快速训练可以提高思维定式的反应速度。

（2）高职英语阅读教学的步骤。

第一，读前活动。英语阅读课教学的第一步就是要把学生引到特定的语言环境中来，使学生对所读材料产生心理预期，为进一步阅读做好铺垫，并且通过浏览帮助学生了解文章的主题思想和主要内容。浏览方式有：略读，快速阅读获得文章的中心思想；寻读，快速阅读获得具体的、特定的信息等。浏览内容包括标题、图画、首段、末段、关键词、关键句标志等。读前活动的整体目标是激发兴趣、引起思考、做好准备。导读的方法多种多样，最常用的有情景导入法、头脑风暴法、问题设疑法等。

第二，阅读中活动。阅读过程是阅读课的核心，也是学生阅读能力提高的关键。阅读过程中处理新词汇（通过问答、语境练习），带着问题默读并回答问题，解释难句、结构（师生互动），再次阅读、把握文章主旨、捕捉文章细节、理解文章信息，回答相应的阅读理解问题。阅读问题的设置非常重要，它涉及能否引起学生的阅读兴趣，能否检测学生对阅读理解的理解水平。简言之，如何设计阅读问题会影响到阅读课的成败。在阅读理解的初级教学阶段，问题的设置可以相对简单；随着理解的深入，设置可以相对隐蔽，回答需要深入地理解和分析语意；当阅读学习达到一定程度后，可以设计有关阅读主旨、作者想法的问题，考查学生对文章的整体把握能力。

阅读课是培训英语阅读能力的课程。阅读课程主要培训学生的阅读技能，但是与此同时也应该适当涉及一些语言知识。这是因为某些语言知识的学习需要依赖具体的语境，阅读可以为语言知识提供整体的语言环境。除此之外，还应该涉及听、说、读、写、译等各个方面的教学内容。

第三，读后活动。知识从理解到掌握需要一个过程，充分的读后活动可以帮助学生巩固阅读成果、拓展知识运用、培养提高技能。在读后活动中回答深层次问题，完成任务并表明立场，做出评价，如对作者的观点表示喜欢或厌恶、表扬或批评、同意或反对、肯定或否定等。迁移应用是指把阅读所学得的知识、技能和情感应用到同类或异类的事物中，从而达到解决问题的目的。有效的阅读不仅是指从文章中获取信息，更重要的是把加工处理所获得的信息运用于自身的生活实际，拓宽视野，启迪思维，提升自我。

第四，反思总结。课堂教学结束后还有一个重要功能不该忽略，那就是课后的总结反思。通过学生表现和反馈，可以发现前面环节中未表现出来的新问题，为进一步采取补救措施提供参照。

（3）高职英语阅读教学的策略与技巧。教师应通过课堂阅读活动把常用的阅读策略和技巧有计划、有步骤地教给学生。例如，快速浏览训练、扫描或跳读训练、上下文猜词训练、标题理解、寻找和理解主题句等。通过阅读策略和技巧的学习，让学生逐渐变得"会读"。训练学生根据不同的阅读目的采用不同的阅读策略，如略读、查读、细读等。

第一，阅读策略的培养要因"材"施教。阅读课中，教师要建立语体意识，不同的阅读材料要求也不同；还要因"材"施教，尊重学生的个性差异，允许并鼓励学生在阅读实践中根据自己的认知特征，选择和改进各种阅读技巧以提高效率，使他们掌握一定的阅读技巧，并结合课内外的阅读进行训练。

第二，学生阅读能力的提高是一个长期的循序渐进的过程。按意群将句子中的词自然分开来则能使阅读速度成倍提高，理解也更加有效。

第三，立足课堂教学，提高学生的阅读能力。教师可以密切地联系教材，有针对性地选择一些课文，让学生全身心地投入，调动各种感官，做到动手、动口、动脑。熟读、背诵、复述都是训练学生阅读的好方法。教师正确指导学生在课堂外进行有效的阅读训练至关重要。

3. 高职英语阅读教学改革的创新方法

（1）教授阅读策略方法。阅读策略和阅读方法有助于提升阅读效果。在阅读课程的教学中，教师应该传授给学生阅读策略。阅读策略主要包含以下方面：

第一，略读。略读的目的是在较短的时间内理解文章的主要思想，学生使用略读的方式需要快速扫读文章，寻找文章主旨、文章关键句，获得文章的主要信息，可以先忽略与文章主旨没有关系的句子，略读之后，学生应该掌握文章的主旨和作者的情感倾向。

第二，跳读。如果阅读理解只需要寻找特定的信息，那么可以选择跳读，尤其是当时间有限，无法逐字逐句地阅读全篇时，跳读非常适用；通过跳读可以在文中准确寻找到问题答案的出处，再对问题答案相关的字句进行准确分析即可。

第三，寻读。寻读对于阅读速度也有所提升，寻读的意思是根据阅读问题，在文章中大略地阅读并寻找答案。在大致阅读文章寻找答案的过程中，可以忽略和文中题目没有联系的信息。寻读具有较强针对性，有助于帮助学生快速找到题目答案。寻读的办法适用于英语四级考试和六级考试。

第四，寻找主题句。英语文章中有很多的段落，每个段落都有自己的主旨意思，在阅读文章时可以找出段落的主题句。主题句可能是段落的第一句，也有可能是段落的最后一句，还有可能出现在段落中间或者就隐藏在段落中，需要读者根据自己的理解去分析和判断。

第五，推理判断。推理判断指在阅读英语文章的基础上，根据自己的理解进行推理和判断，推理和判断要求学生理解英语阅读文章的意思，根据文中提供的信息进行深入分析，综合整理推断出文章的主旨思想。推理判断分为两种：一是直接推理判断，是根据文中表层的含义对问题答案进行推理判断；二是间接推理判断，需要学生根据文中的信息展开深入分析，揣测作者的情感倾向和文章要表达的主旨内容。

第六，猜测词义。猜测生词或重点词语的词义需要联系上下文，根据上下文的信息进行合理推理，同时也会运用到语言语法等知识。掌握了生词的猜测技巧有助于提高学生对整篇英语文章的理解能力，提高学生的阅读速度，激发学生对英语的兴趣。

（2）元认知策略方法。阅读理解中的元认知研究区分了用来提高成绩和教育实践的自我调节过程。对于成功的阅读者而言，知识并不是彼此独立的事实，而是概念的集合。他们会去了解事物的意义和联系，而非回想具体细节；他们会通过自我测试的方式来验证所学的内容，对其所阅读的内容加以记忆；他们会与课文形成互动，不靠被动地记忆学习；他们会预测考试内容，自主总结整理课文内容，通过结合课文与自身经历对知识内容进行深层理解。自我提问对于学生对知识的理解和自我测试具有重要意义。

阅读策略分为提问、总结、澄清、预测四部分。学生首先阅读部分文章，之后小组领导者预测教师可能提出的问题。然后开始小组讨论，对阅读的内容进行思路整理，由小组领导者预测后续文章内容。在下一步骤中改变小组领导者，重复上述过程。教师先引导第一个学生，之后带动其他学生轮流进行引导。在这种形式下组织小组讨论课文意义，并采用"支架式"教学方式进一步加以贯彻。教师对学生的支持随着其熟练程度的提高而逐步减少。在此类练习中，学生对问题的思考整理与内容总结的能力得到有效提升，并且更加积极主动地参与小组讨论。小组讨论对话结束后，教师应鼓励学生对阅读策略进行更深入的自我练习。

交互式教学可以激发学生提出问题并引导其自己做出回答，以此区分重要内容和细微细节，对所学知识加以监控理解，并发掘高效的方法将之前学过的知识和未来将要学习的内容联系起来。此种技巧已得到认证，可以切实提升阅读理解能力与优化阅读策略。

总而言之，元认知技能是优化自主阅读的重要手段，其抛却独立事实的简单记忆，通过明确阅读目的、理解文章意义、预测推论、发现关系等方式优化阅读行为，同时与阅读内容形成互动，利用所具备的技能进行深层理解。自我提问、归纳总结、理解监控、预测这些元认知技能已被验证可以改善阅读理解，相较于没有这些技能教授内容的教学方式要更加切实有效。

第一，元认知策略在高职英语阅读理解教学中的作用。阅读理解包括多种与元认知相关的技能与活动。事实上，阅读的过程即阅读主体对材料进行认知的过程，该过程主要包括阅读材料和自身阅读过程两部分的认知，两方面对阅读能力具有重要影响。其中，认知自身阅读过程即需要借助元认知技能。对于英语阅读，学生可以利用元认知能力自主调节与规范学习过程，有助于其阅读理解水平的提升。而基于元认知的指导所采用的阅读策略（即元认知策略），其是一种更加进阶的加工处理过程，可以用来对认知行为加以引导与把控，管理语言的运用，主要有三类：①计划策略，是指学生借助自身已有的认知，制订和自己情况相匹配的语言学习计划；②监控策略，是指学生用来进行自我情况监控的策略，其可用于阅读监控等；③评估策略，是指学生用来评价自己使用的学习方法和认知策略，同时进行改善调节的策略。通过元认知策略，学生可以对认知过程获得进一步认知，其对英语学习具有不可忽视的作用。

第二，高职英语阅读教学中元认知策略的实施。

一是阅读前进行计划活动。阅读这一心理活动涉及积极主动的复杂思维过程，在这一过程中，读者借助自身已有的信息、知识或经验甄选、鉴别、处理和组合信息。计划活动是指根据个人实际情况制订合理的阅读目标及计划，挑选合适的阅读材料，科学安排阅读时间，重点鲜明地进行阅读训练，将阅读资源进行最优化配置，遵循一定的阅读策略，最终实现阅读目的。其详细步骤如下：①明确阅读任务的内容，设立目标；②从标题、图表等已知信息出发，掌握阅读背景知识，推测文章大意，从而大致掌握文章情况，确定自己对于阅读内容的了解程度；③制订与阅读任务相匹配的阅读计划，之后严格执行，同时灵活调整自己的思考过程、阅读策略及速度，如参照阅读目标，提前设定阅读时重点关注的方面，可以关注整体信息输入，也可以关注材料中的重要细节。

二是阅读中监控自己的认知活动。监控是指阅读者随时关注自己在阅读过程中的思维活动，并随时改进优化以最终实现阅读目标的行为。作为阅读主体，包括英语阅读者在内的所有阅读者都具有元认知知识及监控能力。要想在实际阅读中精准理解文章的意图和内容，就需要阅读者不断进行元认知监控。借助监控行为，阅读者可以对其阅读活动加以管理、把控和指导。因此，只有学生对其阅读过程进行有意识的监控，阅读活动才能按照计划顺利实施。

三是阅读后进行评价活动。阶段性学习自我评价不仅是元认知策略不可或缺的环节，同时也是学习效率提升的有力保障。评价主要分析两部分内容，分别是阅读材料和个人理解能力。当完成对阅读材料的知识学习，优秀的阅读者会反思评价其阅读过程。通过这一过程，阅读者可以掌握计划完成进度，了解学习策略的使用情况。拥有学习策略的学生可以通过对比阅读任务前所设定的目标来评价完成情况。如果目标没有完成，他们则会查明原因，并在下次阅读时进行改善与调整，最终达到预期目标。

自我评价主要是评价自己认知活动的效率和结果情况，阅读活动的自我评价主要是评价学生自己是否达成阅读目的以及阅读效果是否达到预期，这一行为发生在阅读之后。学生可以合理评估阅读中对内容及词义的理解预测。不管最终的自我评价结果是正面的还是负面的，对于之后的阅读而言都具有积极意义。

元认知策略在英语阅读过程中的应用可以促使学生更加积极主动地进行阅读任务，养成自我反思的习惯，还有助于学生学习目标及规划的确立，对自己的阅读理解加以监控，并正确评价自身阅读方法和结果，以便进一步掌握自身阅读情况，发现阅读中的问题并及时改进，从而养成高效的学习习惯，提升阅读能力。英语阅读教学应在全程注重培养和提升学生的元认知能力，使学生的阅读能力得到加强。

（3）文章背景教学方法。文章背景教学是指在阅读教学过程中，教师要让学生在关注阅读材料的同时，对文章的作者、写作背景、写作意图等也有所了解，并基于这些了解对文章的整体结构、写作思路、文章观点等进行思考和评价，让学生意识到作者是如何选词造句、设计结构来实现写作意图的，以此来加深学生对文章的理解，同时锻炼学生形成分析性、批判性思维。这对他们未来的阅读学习和阅读实践较为重要。

(二) 高职英语写作教学模式的改革

写作可以反映一个人的语言修养。英语写作是英语教学的一个重要部分。不考虑其他因素，仅从英语写作教学的现状来看，就亟须改革。

1. 英语写作教学存在的问题

英语写作教学在英语教学中始终相对薄弱，如何开展英语写作教学已经成为教师重点思考的问题。高职院校英语写作教学主要存在以下问题：

（1）课程设置的不科学、不合理。英语教学过程中写作所占的教学比例较少，英语教学过多侧重于课文的讲解、阅读的理解及听力的训练，教学内容的失衡导致学生和教师忽略了写作，而且有的高职院校甚至没有设置写作课程，这就导致无法提升写作的教学效果。从整体来看，英语教材也缺少对写作的练习内容，英语教材在听、说、读、写的配置上也出现了失衡，过于侧重听说读的练习，即使存在写作练习，练习的内容也不完整，内容和内容之间不连贯。

（2）教学方法无法满足写作的需求。英语教学呈现出来的特点是注重词汇讲解、语法分析，很少涉及写作相关的文章结构的理解，这间接导致了学生在写作时无法将学到的词汇和语法运用到作文中，写作经常是无话可说或是写出来的内容过于空泛。之所以会产生这样的问题是因为教师使用的教学方法过于陈旧，无法满足写作的需求，而且教师对学生写作的批改也不到位，通常只会批改学生写作中的语法和词汇错误，较少会针对学生的写作构思展开评价和指导，这也间接导致了学生的写作水平不高。写作教学过程中关于写作内容的沟通少、指导也少，长久下来不仅学生对写作没有兴趣，教师也会遇到写作教学难题，想要提升学生的写作水平更是难上加难。

（3）英语写作存在明显的应试倾向。学生的英语写作能力无法提升不仅有教师和学生的责任，也受到了我国教育环境的影响。我国教育考试中写作占的分值较少，这也直接导致教师和学生对写作投入的精力较少，而且考试中的作文以命题作文为主，针对这样的作文形式学生已经形成了固定思维，写出来的作文千篇一律，很少有别出心裁的作文出现，应试教育的倾向不利于培养学生的写作能力。

（4）批改方法的不合理、不科学、不系统。教师对写作的批改没有形成科学性、系统性，换言之，教师在批改学生的作文时不注重学生的写作思维，将写作批改重点放在了词汇、语法方面，更有一些教师甚至不让学生开展英语写作，只要求他们背诵范文。教师教学方法的不科学、不系统导致学生无法真正了解自己写作方面的不足，虽然经常写作文，但是错误屡犯不改。长期以来，学生对写作的兴趣消磨殆尽，写作水平要提升更是无从谈起。

（5）没有进行英语作文的教学改革。随着时代和技术的发展，英语教学改革已经全面推进，教师对教学的认识和想法已经更新。但是在实际的教学过程中，写作的改革没有跟上。写作改革滞后主要体现在缺乏对写作思维的训练，英语写作教学没有启发学生思维的发展性、思维的创造性、思维的深刻性及思维的广阔性。从本质上而言，英语写作离不开英语词汇、英语语法及英语阅读，英语作文和词汇、语法、阅读之间相互关联、相互补充。但是在实际的教学过程中，很明显的是教师并没有将写作和英语的听、说、读进行整合，这就导致了写作发展滞后。

2. 英语写作教学改革的主要内容

(1) 结构内容。

第一，谋篇布局。和语文写作一样，英语写作开始前也要考虑文章的布局结构，结构是作文的框架，谋篇布局时需要考虑作文的体裁及题材，然后选择适合的结构布局，合适的结构布局有利于写作顺利开展。一般情况下作文的结构是第一段引入观点，中间段落支撑观点，进行观点的扩展，最后一段对文章主旨大意进行总结。对于作文中的段落结构而言，第一句点明主题，中间句对主题进行扩展，最后一句总结整个段落的主旨大意。这只是一般情况下的布局结构，在实际的操作中可以根据需要做出相应改变。

第二，和谐连贯。文章的叙述需要前后一致、内容连贯。和谐连贯的文章可以让叙事更具逻辑性，能够使文章内容更加紧凑、衔接顺畅。和谐连贯的文章段落和段落之间紧密相连，文章整体读下来自然流畅，在日常的英语教学过程中，教师应该注重培训学生使用关联词、过渡句，增加文章的连贯性。

第三，完整统一。英语作文不只需要大体的框架，还需要细节描写，完整统一指的就是对于文章主题进行细节描写，事件原因、经过、结果的具体展开。除此之外，也要删除和文章主题不相关的信息，保证文章内容是完整、前后统一、一致的。完整统一是衡量一篇文章是否优秀的重要标准，文章的内容如果不完整、不统一，那么文章也不能称为优秀的文章。在日常的英语写作训练过程中，教师需要对学生进行文章完整统一性方面的训练。比如，如果学生的写作内容中有多余的段落，那么应该为该文章做出删减的批改。

第四，写作技巧。写作技巧的使用有助于提高文章的整体水平，使用了高超的写作技巧能够提升文章质量。在英语写作教学过程中，教师应该注重学生写作技巧的训练，针对不同的阶段传授不同的写作技巧。在准备阶段，应该培训学生明确主旨和思想，能够找出和写作主旨相关的写作信息，对文章的整体结构有一定把握，合理安排各种素材；在写作前，可以列出具体的文章结构，明确观点；写完作文后，能够对作文进行整体修改，给文章加工润色。换言之，写作技巧的使用有助于提高文章的整体质量。

（2）句式。句式对于英语写作而言也是至关重要的。英语语言系统当中存在很多种句式，如疑问句、强调句、倒装句等，每种句式的表现形式不同，因此如果在文章中能够使用多种表达句式，那么就能够提高文章的整体水平。在日常的英语写作教学过程当中，教师应该训练学生使用不同的句式写英语作文，提高学生英语作文的出彩程度。

（3）选词。选词对英语写作也有重要影响。词汇有表层意义，也有深层意义，选择词语需要对词汇有深刻的了解，如果选择不当将会影响到文章的整体效果，因此教师在英语写作教学的过程中也应该注重词汇的讲解和选择，词汇的选择代表了学生个人的写作风格和写作爱好。在选词时，应该注意区分词的褒义和贬义、词的概括和具体、词的正式和非正式等。

（4）拼写和符号。词语的拼写和标点符号的使用对英语文章写作有一定程度的影响，正确书写英语单词有助于文章整体的美观性。英语单词的拼写和符号的选择使用属于英语学习的基础知识，在英语写作的过程中也属于细节问题，但是如果不仔细拼写、不认真选择英语符号，那么也会对文章产生不好的影响。

3. 英语写作教学改革的更新方法

（1）过程教学法。过程教学法结合了很多理论，如认识论、语言理论、教学论、信息论等。过程教学法，顾名思义是重视教学的过程，注重教学氛围的塑造，追求的是在教学过程中实现教师和学生之间的有效互动。过程教学法认为营造教学氛围有以下优点：①学生可以通过交流分享信息；②有效的交流可以促进学生思维的发展，有利于学生的个性化发展；③氛围有助于学生认识写作过程；④和同学的交流有助于发现别的同学的优点，也有助于改进自己文章的不足。过程教学法包含的教学环节主要有以下方面：

第一，写前准备。写前准备环节，学生要在教师的指导下审题，并通过小组讨论的方式搜集素材，然后构思内容列出提纲。

第二，撰写初稿。撰写初稿环节，学生可以采用个性化活动方式，独立撰写初稿。

第三，修改。修改环节主要在课堂上进行，一般采用学生互评和教师抽样点评相结合的方式进行。

第四，撰写第二稿。撰写第二稿环节是对初稿的再加工过程，即学生根据上一阶段中发现的问题进一步完善自己的写作，写出第二稿。

第五，教师批改评讲。在教师批改评讲环节中，教师对学生的作品进行检查和批改，目的是让学生充分了解自己写作中的问题，激发学生的写作兴趣，拓展学生的写作思维。

（2）策略教学法。在英语写作过程中，学生可以采取一系列的策略，以使自己顺利地完成写作。以下分析常用的写作策略：

第一，选题构思策略。在写作开始前，作者需要进行选题构思。常见的构思策略主要有三个方面：一是自由写作式。自由写作式的构思是指在看到文章题目之后，大脑便开始思考，然后将大脑中形成的所有观点和信息记录下来并进行筛选，从中选取认为有用的信息，删去多余的信息。这种构思方式不受限制，思路可以完全打开，且写作的框架也会随之形成。二是思绪成串式。思绪成串式的构思是指作者先将所要写的主题写在纸的中间，并画一个圆圈，然后将所想到的与主题相关的词都写出来，分别画上圆圈，最后将这些关键词进行总结并确定写作思路。三是五官启发式。五官启发式的构思是指将主题与视觉、听觉、嗅觉、触觉等方面联系起来进行思考，搜寻与题目相关的材料。当然，在具体的写作过程中，作者没必要将视觉、听觉、嗅觉、触觉等方面全部都考虑到，可依据实际情况进行选择。

第二，开篇策略。文章开头的好与坏，影响着读者是否有要继续读下去的欲望。文章开头是最引人注意的部分，所以如果有一个精彩的开头，那么就会很容易吸引读者的注意力，所以在开篇时也要注意运用一些有效策略，以使文章更出彩。

第三，段落展开策略。关于段落的展开，常见方式主要有四种：一是按时间展开，这种段落展开方式多用于记叙文中；二是按空间展开，按空间展开段落的方式常用来描述景物或一个地方；三是按过程展开，按过程展开段落的方式多用于记叙文中；四是按分类展开，按分类展开是指将要说明的事物按照其特点进行分类，然后逐一进行说明，该方式常用于说明文。

第四，结尾策略。结尾部分同样至关重要，一个好的结尾不仅能吸引读者的注意力，还能起到增色添彩的作用。一是总结式结尾。总结式结尾就是在文章的结尾处对全文进行总结概括，以揭示主题，加深读者的印象。二是展望式结尾。展望式结尾就是在文章结尾处表达对将来的期望。三是建议式结尾。建议式结尾是指根据上文中论述的问题，在文章结尾处提出建议或解决方法。

（3）网络辅助写作教学法。随着互联网的普及、计算机技术的应用，英语教学当中的很多教学难点都得到了解决。互联网和计算机为英语教学提供了丰富的教学资源，教学时间也更加灵活。通过计算机和互联网，学生接触到的英语更加地道，能够了解到的英语文化也更加多元。资源的丰富有助于激发学生的学习兴趣，为学生发展写作提供更多选择。

网络的发展为英语写作提供了课堂之外的练习方式，教师可以通过计算机和互联网为学生布置写作作业，帮助学生收集写作资源，为学生提供真实的写作情境，而且网络和计算机的应用也有助于教师针对学生的写作做出及时的反馈和评价，对于提升英语能力至关重要。

4.英语写作教学改革中元认知策略

（1）高职英语写作元认知的要素与发展。高职院校英语写作元认知主要包括元认知的知识、体验和监控三个方面。目前对元认知知识的研究比较多，之所以主要研究元认知知识，是因为元认知知识占据着元认知的基础性地位，且测量方便。

元认知知识主要包括三个组成部分，即个人变量、任务变量和策略变量。三个变量之间相互联系、相互影响，但又彼此独立。目前主要针对 ESL 学生以及以英语为母语的学生进行了用于写作元认知的相关研究，英语写作元认知的研究对我国学生写作有很大的意义。但与此同时，我国非英语专业学生和 ESL 学生及母语是英语的学生之间存在差别，差别主要体现在：我国的学生没有纯粹的英语语言环境；语言环境缺乏导致语言的输入数量明显不足；我国学生学习英语有应试考试的目的，动力明显不足；我国学生能够应用英语的场合有限，缺乏语言交际锻炼。我国英语环境以及其他方面的不足还有待进一步研究，从而探讨出适合我国学生英语写作的元认知规律。

目前的英语写作元认知要素的研究主要针对元认知的知识和监控，还没有涉及元认知体验研究。元认知体验是元认知理论不可或缺的一部分，将来元认知的研究不可避免地要研究元认知体验，只有这样才能保证元认知的研究是整体的、完整的。

1）高职英语写作元认知知识。

一是高职英语写作元认知知识的构成。英语写作元认知知识的个人变量是指个体对自身写作水平的认知，换言之，指学生对自身写作能力和特点的掌握程度。从内容上看，具体指学生对自身写作优缺点以及相关原因的了解，此种了解基于元认知调控。任务变量指学生在完成任务过程中所涉及相关信息的认知，主要包括对任务性质的认知和对任务目标的认知等。具体而言，指学生对写作文章相关信息的了解和掌握，如了解优秀文章的标准和特点、了解写作文章的目标等。其中，充分了解作文目标是学生设定作文目标的前提条件，而设定作文目标对学生取得良好写作成绩产生积极的影响。设定作文目标是指学生在完成作文任务的过程中应该掌握的策略性信息，如提纲策略的使用方法和前提条件等。然而，需要特别注意的是，元认知结构中的策略变量仅限于主观层面，其实践效果如何需要从执行控制层面加以了解。

二是高职英语写作元认知知识实证研究的不足。高职英语写作与认知知识在实证研究中忽视了测量工具的效度。效度的忽视主要体现在内容和结构上，这就导致研究存在内容和结构两个方面的问题。首先，高职英语写作元认知知识的实证研究忽略了结构的完整性，英语写作元认知知识包含个人变量、策略变量及任务变量。但是，实际的实证研究过程中并没有遵照元认知知识所包含的三个变量，这就导致结果有所偏颇，对结构的忽视主要是测量工具和方法使用不当。其次，高职英语写作元认知知识实证研究过程中，知识的测量内容中包含了充分调控，对于认知研究使用的是开放式问卷，问卷中涉及的研究内容存在效度问题，因此导致元认知的研究存在问题。

我国对高职英语写作元认知的知识发展水平方面的研究有所缺乏，我国开展的元认知知识研究主要针对元认知知识和写作作文成绩之间的关系，对于元认知知识与学生年级、学生个性之间的关系研究匮乏。学生年级的发展变化以及学生的个性，对认知知识都有影响，因此未来的元认知知识研究应该注重这方面的探索。

2）高职英语写作元认知体验。高职英语写作元认知的相关研究当中几乎没有研究元认知体验，具体而言，元认知体验是英语写作认知活动当中的情绪体验，体验可以随时发生，持续的时间不确定，体验的内容可以简单、可以复杂。元认知体验对元认知知识会产生一定影响，影响主要体现在三个方面：首先，体现在元认知知识的目标上，如果元认知体验是挫败的，那么就会导致元认知任务目标完成效果不好；其次，元认知体验可以修正元认知知识当中的个人变量与策略变量；最后，元认知体验可以加速形成元认知知识和策略。

3）高职英语写作元认知调控。高职英语写作元认知调控指的是在英语写作的过程当中，学生及时地调控自己的写作进度，向着写作目标不断前进，也就是对写作过程展开控制，因此高职英语写作元认知调控也被称为元认知执行控制。元认知调控是一个动态化的过程，如何开展元认知调控会影响到任务目标完成的质量和速度。元认知调控还被称作自我调控、自我监控，无论是自我监控还是自我调控，都是对认知过程所开展的进度调整，针对需要完成的任务和活动不断地调整自身的计划，更快地向目标靠拢。所以，元认知调控、自我监控以及自我调控这三个概念都是同一个过程。

一是英语写作元认知调控的流程。元认知调控的执行流程具体包括制订计划、执行控制（自我评价、反馈）、检查结果和采取补救措施。其实这就是计划、监督和调节的循环直至达到理想结果的过程。对写作元认知调控从内容角度的划分以及对写作元认知调控从流程上的划分进行综合，就可以得到对写作元认知调控进行研究的一个参考性结构模型，即写作元认知调控包括对个人的计划、监督和调节，对行为的计划、监督和调节，对环境的计划、监督和调节，这九个过程的不断循环运作，直至英语写作的最终完成。

二是提高元认知等级。高级水平英语精通者的元认知等级明显高于中等水平的英语精通者。其中，策略变量作为最活跃的因素，关于其有效性和适用性的研究始终处于待饱和状态，即变量都达到中等水平之后，仅仅策略变量仍然存有研究空间。由此可知，通过对学生进行策略变量的训练，有利于提高他们的英文综合水平。

（2）高职英语写作元认知的影响因素。虽然学生在学习第二语言的过程中并不具备成熟的元认知体系，但学生在学习第一语言的过程中已经形成相应的写作元认知模型，此种模型有利于学生有效掌握第二语言。现阶段，有关母语元认知模型对学生学习第二语言所产生作用的研究还相对匮乏，因此这方面的研究内容将是英语写作元认知发展领域的重点研究方向。

（3）高职英语写作元认知水平与写作成绩的联系。学生的高职英语写作成绩与其写作元认知水平之间具有显著的正向相关关系，英语写作成绩高的学生在写作元认知上的等级也高；而英语写作成绩低的学生在写作元认知上的等级也低。另外，学生元认知模型中的个人成分和写作成绩也具有显著的正向相关关系，即学生的个人变量得分高，其写作水平也高；反之，个人变量得分低，其写作水平也低。写作成绩高的学生能够明确地认识到自身的写作能力和特点；而写作成绩低的学生对自身的写作水平缺乏明确的认知，仅仅关注自身的缺点，从而忽视已经取得的显著成果。

从任务变量的角度看，写作成绩高的学生认为，一篇优秀文章需要具备的特点是流畅性和清楚性，并且学生在写作过程中要做到换位思考，从读者的角度进行思考和写作。写作成绩低的学生认为，优秀文章的标准就是语法正确即可，换言之，只要语法无误，读者就能够明白。写作成绩低的学生没有从读者的角度思考问题，更没有意识到写作的目的是信息交流。

（4）高职英语写作元认知的训练。在提高英语写作元认知水平的过程中，学生需要自己制定进展目标，再通过执行和控制来调节目标。由于元认知体验和监控不仅需要在经验中发生，而且还需要在经验中验证，因此对于学生的写作元认知发展而言，其相关训练至关重要。英语写作元认知训练存在一个基本视点，即强调经验性原则。在写作元认知训练过程中，学生需要有意识地积累写作经验，形成固定的写作元认知模型，逐渐了解和掌握元认知各维度对写作成绩的影响。这一点对教学者也提出要求，要求教学者设计可以让学生进行自我评价、自我检查及自我监控的教学活动，加强学生对写作认知模型的认知感，从而提高学生的英语写作元认知水平。

（5）高职英语写作元认知测量工具。在研究英语写作元认知的过程中，人们不能直观地掌握其发展水平，需要应用相应的测量工具，其原因在于英语写作元认知属于中介变量。现阶段，常见的测量工具主要包括写作自传和认知风格问卷，其中写作自传是用于测量写作元认知个人变量情况的工具，不仅能够帮助学生及时监控自身的元认知发展情况，制定有利于提高自身写作水平的客观评价标准，还能够为教师掌握学生元认知基线提供参考依据。认知风格问卷是用于测量写作元认知任务变量情况的工具，能够帮助学生集中注意力于写作目标和运用策略，即明确具体的学习任务并掌握相关策略性知识。

第二节　高职英语实训教学模式的改革分析

下面以高职学校应用英语专业为例，分析高职英语实训教学模式改革。对于高职英语专业教学体系而言，实训教学的地位是极为关键的，高职学校的英语专业实训教学需要以社会对职业人才的需要作为基本方向，在内容上则以职业环境中遇到的实际问题为主，并在此基础上，对实训教学模式进行不断创新，并完善评价模式。

一、高职英语实训教学模式改革的内容分析

一个合理的技能实践教学体系需要包括以下内容：提高学生的双语交际能力，重视英语口语和文字表达、翻译等基本技能的训练；侧重涉外礼仪相关内容的训练，结合实际需要来开展英语课外活动和社会实践培养职业沟通能力，可以承担口头业务操作和涉外谈判工作；培养综合职业能力，结合现有条件来进行顶岗实习。实训模式改革主要涉及以下方面：

第一，涉外接待：学习正确的外宾接待流程，包括姓名、职务、职称的表达，以及相关用语、礼仪和文化知识。这将使学生能够优雅地承担接待工作，为企业树立出色的形象。

第二，涉外参观：了解企业的组织结构、主营业务、产品，并培养介绍能力，以向外界介绍企业结构。这有助于提升学生的专业知识和表达能力。

第三，涉外洽谈：学习会议组织、宴请安排等相关礼仪知识，了解会议和宴请的程序，掌握相关表达方式。这将使学生在商务场合中表现出色，具备成功谈判的技能。

第四，产品推介：了解推介会议程、市场分析报告、产品销售情况，能够流利介绍产品并回答客户问题。这有助于他们更好地为企业的产品推广提

供支持。

第五,涉外谈判:能够制订商务谈判计划,了解谈判流程,掌握谈判策略。这将使他们在商务谈判中更具竞争力。

在具体的实施步骤方面,主要包括:一是建立仿真公司环境:创建一个仿真的公司环境,以模拟真实职场情景。二是分配商务角色:将学生分配到不同的商务角色,让他们在模拟环境中扮演不同的职业角色。三是指导情境排练:提供指导,让学生进行情境排练,以熟悉各种职业情境。四是实训现场演练:安排实训现场演练,让学生在模拟环境中应用所学知识和技能。五是自我评估总结:学生需要对自己的表现进行自我评估和总结,以便发现不足之处并进一步提升。

在现场汇演环节,学生进行现场汇演演示,以供评委打分、评选。而教师在这些环节中,则主要对相关实训活动进行指导和点评,并由评委组教师对小组的表现进行打分和评价。

二、高职英语实训教学模式改革的评定与考核

高职院校的教育任务之一是培养学生的就业能力,为了确保这一目标的实现,需要建立一个多元化的评价体系,这个体系应该与实际岗位工作任务相结合,评价体系的建立将有助于更好地了解学生在各个方面的能力和技能,从而为他们的职业发展提供更多机会和支持。首先,评价的内容应以能力评价为主要侧重点,包括学生自我评价、学生互评以及教师评价。通过这些不同的角度来评估学生的表现,可以更全面地了解他们在不同阶段的知识和能力积累情况。这种综合性的评价有助于挖掘学生的潜力,帮助他们在职场中更好地发挥自己的优势。其次,为了确保评价的全面性,可以将汇演评分划分板块,这些板块涵盖了语言素养、商务礼仪、场地布置、团队协作以及创新创意等方面。通过这些板块的考核,能够全面地评估学生的综合能力,而不仅是他们的学术成绩。这种综合性评价更符合现实职场的需求,使学生能够更好地适应工作环境。再次,在评定的原则方面,教师可以不直接参与评定过程,由学生和来自企业的兼职教师参与考评。这样做有助于提供更客观的评价,因为兼职教师通常具有实际工作经验,能够更好地了解职场的需求和要求。这种评价方式也有助于学生更好地适应实际工作环境,为他

们的职业生涯做好准备。最后，学生参与评价也有助于确保考核结果的公正性和合理性。通过学生的自我评价和互评，我们可以更好地了解他们在吸引力、谈判技巧等方面的表现，这些是在职场中非常重要的技能。这种参与评价的方式能够鼓励学生主动参与自己的职业发展，培养他们的自我意识和职业素养。

综上所述，上述师生结合的评定考核方式，让过去实训教学内容针对性不强、考核评价方单一的问题得到了很好改善。在未来，实训考核模式也将越来越多样，越来越合理。同时，教师在对学生进行指导和评定的过程中，也会不断完善自己的知识和技能体系，主动地了解行业发展的前沿动态，进而拓宽国际化视野。

第三节　基于岗课赛证融通教学模式改革

"岗课赛证"是指"在高职人才培养体系中，以职业岗位需求为导向，以课程育人为载体，通过技能大赛，获取职业资格和技能等级证书为实现形式，在四者有机连接和融会贯通基础上，实现人才培养体系的全方位整合"[1]。高职英语课程改革必须要适应"岗课赛证"融通基本要求，以学生就职就业岗位需求为基本导向，以对应证书和竞赛为平台基础，强化学生知识、能力和素养培养，构建新型人才培养模式。基于"岗课赛证"融通的高职英语教学改革，需要注意以下方面：

一、疏通"岗课赛证"实施路径

在高职院校英语课程教学改革中，以学生综合职业素养培养为目标要求，疏通"岗课赛证"实施路径，全面提升人才培养成效。首先，构建和优化实施路径是至关重要的。信息化教学平台不仅能够提供课程内容和教材，还可以为学生提供课程安排、教师信息以及职业技能大赛和等级考试的相关信息。这将帮助学生更好地了解自己的学习路径，以及如何参与大赛和考

---

[1] 谢晓慧.基于"岗课赛证"融通的高职院校大学英语课程改革实践研究[J].校园英语，2022，(28)：121.

试。其次，采用自动化管理理念来优化教学活动节点。教务处在学生入学阶段应组织并提供大学英语课程的学期安排和课时信息，同时明确报名时间节点。这将有助于学生规划自己的学习进程，确保他们在适当的时间参加大赛和考试。最后，教学管理平台可以通过弹窗形式向学生推送相关信息，引导他们制订学习计划，提醒学生注意报名时间节点，确保他们不会错过任何重要信息。同时，这也是一种激励学生积极参与大赛和考试的方式，帮助他们更好地塑造自己的职业素养。

二、进行教学内容与方法的革新

"岗课赛证"人才培养体系的融通为高职英语课程教学带来了革新，不仅强调了教学内容的重要性，还突显了教学方法的关键性。高职英语课程的教学内容应立足于职业岗位导向，紧密结合各行业的需求和学校专业建设的要求，以培养学生的职业素养为核心目标。教学方法革新已经成为"岗课赛证"融通背景下高职英语课程教学改革的重点内容，高职英语教学方法改革中，教师可以根据学生的学习状态、专业技能培养需求以及人才培养目标的变化来选择合适的教学方法，如项目教学法、小团体教学法、微课教学法等，提供多元化的学习场景，满足不同类型学生的需求。

三、推进校企合作与评价体系改革

校企合作模式是当前高职院校教育体系改革的重要形式，也是"岗课赛证"融通体系的重要支撑环节，对学生综合素质培养具有良好的促进作用。校企合作不仅有助于学校培养具备实际职业技能的毕业生，还提供了与行业实际需求更贴切的教育体验。基于岗课赛证融通教学模式的改革，要以学生职业技能训练和思想素质培养为切入点，明确校企双方参与人才培养的利益共同点，将教育重心落实在学生层面，对校企合作方式进行整合规划，对具体实施内容和实施步骤进行细化，确保所有培训进度与校企合作双方诉求达成一致，从而实现"岗课赛证"融通，提升人才培养质量。"岗课赛证"融通背景下，高职英语课程教学评价必须朝着多元化方向发展，才能够真正确保教学质量不断提升，满足职业岗位导向要求。而且多元化评价体系的建设，可以推动学生的综合素质发展，鼓励个人全面成长，这种评价方法不仅关注学术知识，还注重职业技能和社会责任感的培养。高职院校可以将学生参加职业技能大赛和技能等级证书结果纳入评价体系，将学生英语应用能力、跨文化交际能力及思想政治素养纳入评价体系，帮助他们在职业生涯中更加成功。

综上所述，"岗课赛证"融通体系的构建，为高职英语课程教学改革指明了方向，在人才培养体系中，要求教师综合考虑各个方面要求，转变传统教学理念，不断增强个人教学能力，提升教学组织能力，依托教学活动实现岗位能力要求与学生参加职业技能竞赛、技能证书获取的有效对接，真正提升学生的综合素养，为培养应用型高职人才起到积极促进作用。

第四节　OBE理念下高职英语教学模式改革

英语作为一种通用语言，应该受到更高的重视，而高职院校阶段的英语学习是一个重要时期，如果能够使用有效教学策略，那么就能够帮助学生更好地提升英语能力。所以英语教师应该结合工作经验对英语教学中出现的问题提出自己的建议，根据OBE教育理念[①]对教学的创新，促进英语教学活动改革。OBE理念下高职英语教学模式改革可以从以下方面着手：

第一，摒弃单一的教学方式。OBE理念要求教师采用多样化的教学方法，通过创造性的、新鲜的体验来激发学生对英语学习的兴趣。教师在课堂上应该营造积极活跃的教学氛围，刺激学生的感官神经，鼓励他们深入研究英语。OBE理念下高职英语教学模式，教材内容也需要更多元化，以满足学生的实际需求。例如，在商务英语课程中，教材可以更加关注商务活动和对话，使学生更好地掌握实际应用技能。教师可以鼓励学生组成小组进行对话表演练习，这不仅可以提高他们的口语能力，还能增强他们的实际应用能力。通过这些方法，可以为学生提供更富有成效的英语教育，帮助他们在未来的职业生涯中取得成功。

---

①OBE（Outcome based education，OBE）教育理念，又称为成果导向教育、能力导向教育、目标导向教育或需求导向教育。OBE教育理念是一种以成果为目标导向，以学生为本，采用逆向思维方式进行的课程体系建设理念，是一种先进的教育理念。

第二，激发学生的自主学习兴趣。激发学生自主学习兴趣是英语教学的核心任务，在 OBE 理念下，教师应将学生的兴趣置于教育的前沿，以推动英语教育的不断发展。在此过程中，保持学生的新鲜感和积极参与至关重要。学生需要在学习中感到兴奋，深入思考，体验英语学习的乐趣。学生需要掌握适应不同学习环境的技能，积极主动地解决问题，提高学习效率。OBE 理念下高职英语教学模式的改革应该以教学内容为基础，强调学生之间的交流和互动。教师不仅是知识的传递者，更应该成为学习的引导者。将教师的讲解与学生的自主学习相结合，根据学生的需求和水平量身定制教学内容，以确保他们能够充分理解和应用所学知识。

第三，以 OBE 理念为主，完善评价体系。OBE 理念下高职英语教学模式的改革，要针对高职院校学生，有计划地展开评价标准的调整，以减少对学习过程的过度侧重，从而更加注重最终的应用结果和使用程度。这意味着教师需要更关注学生在实际应用中表现出来的能力。要建立一个完善的教师评价体系，不能仅依赖于学生成绩和教学讲解的质量，要更注重教师为学生带来的真正学习成果。教师应该展现灵活性和自主权，根据自己的方式提升学生的英语成绩和英语能力。在评价过程中，要特别关注学生的学习积极性和实际学习结果。可以建立一个反馈机制，以确保及时发现和解决学习过程中出现的问题，从而持续改进英语教育的质量。

第四，创造机会和氛围，提升学习主动性。OBE 理念下高职英语教学模式改革，需要教师采用互动性强、实践性强的教学方法，鼓励学生积极参与，提高他们的学习主动性。高职英语教育应该聚焦于实用技巧的教授，学生需要掌握能够在职场中派上用场的英语技能。在 OBE 教育理念下，高职英语教学应该强调英语的实用性和日后职场需求，教师需要提前模拟学生未来工作中可能遇到的问题和环境，确保他们在毕业后能够顺利应对职场挑战。为了更好地满足学生的需求，提供实习机会是必要的，实习可以帮助学生将理论知识应用到实际工作中，增强他们的职场竞争力。

在高职英语教学中应用 OBE 理念，可以通过英语职业面试模拟项目来培养学生的实际应用能力和自信心，具体包括：①学习目标和能力标准的设定：确定学习目标，即提高学生在职业面试场景中的英语交流能力和面试技巧。制定能力标准，包括学生在面试中的自我介绍、回答常见面试问题和提问面试官问题的流利表达能力和面试技巧。②项目介绍和组织：教师向学生介绍英语职业面试模拟项目，将学生分为小组，模拟求职者和面试官的角色。项目的设计是为了提供一个实际的背景，让学生在模拟环境中练习和应用他们的英语技能。③实践导向的教学活动：实践导向的教学活动：通过模拟真实职业面试，学生有机会练习英语交流和面试技巧，实践导向的教学活动可以让学生逐渐增强他们的沟通能力和自信心，从而更好地应对职业挑战。④评估和反馈：教师通过观察学生在项目中的表现，根据预先设定的能力标准对学生的表现进行评估和反馈。帮助学生了解自身的优势和不足之处。⑤个性化学习支持：每个学生都有不同的需求和学习风格，教师根据学生的个性提供个性化的辅导和学习资源。⑥实际成果展示：项目的最终目标是让学生能够通过展示他们在模拟面试中的表现来增强自信心和英语表达能力，可以通过口头报告、演示、或其他形式的展示来实现。学生在这个过程中可以积累自信，展示他们的英语技能和面试技巧。

综上所述，为了提高高职院校英语的教学质量，在以 OBE 理念为前提的基础上，应该先改变教师对英语教学的观念，从而根据 OBE 理念改变教学方式和方法，以此为基础参照 OBE 理念对学生进行评价，使学生的英语学习形成一个完整的系统，使教师从根本上对英语教学进行改革，并及时根据学生的现实情况做出调整，从而提高学生的英语成绩，达到教师的教学目标和学生学习的预期效果。

第五节 STEAM 视角下高职英语教学模式改革

一、高职英语教学中 STEAM 教育理念的融入

高职英语教学中 STEAM 教育理念的融入，可以为学生提供更广泛、更深入的学习体验，培养自主探究和合作能力，为他们未来的职业生涯做好充分准备。

第一，高职英语教育以就业为导向，强调为学生提供职业技能和知识。与此同时，STEAM 教育理念强调科学、技术、工程和数学等领域的知识整合以及自主探究解决问题的能力。这两者之间存在着紧密的联系，因为现代

职场要求员工具备跨学科的技能，能够在不同领域之间进行知识融合，以解决复杂的问题。因此，将STEAM教育理念融入高职英语教育可以有效培养学生的自主探究和合作能力，使他们更具竞争力。

第二，高职英语教育强调真实环境和项目学习，着眼于帮助学生在实际职业环境中应用所学知识和技能。与之相对应，STEAM教育理念倡导问题和项目探究，旨在培养学生的实际问题解决能力。将这两者结合起来，可以为学生提供更深入的学习体验。通过将课程与实际职业环境相结合，高职英语教育可以帮助学生更好地理解并应用所学内容。这不仅提高了他们的学习动机，还使他们在毕业后更容易适应职场的需求。

第三，高职英语教育注重多样化的教学方法，包括小组合作和任务型教学，这些方法与STEAM教育理念中的创新教学方法相契合。STEAM教育理念强调学生的主动探究和合作学习，培养他们的创造性思维和解决问题的技能。高职英语教师通过鼓励学生参与小组项目、解决实际问题、进行实验和创作等方式，积极培养学生的探究性思维和合作技能。这种互动式教学不仅提高了学生的学习兴趣，还激发了他们的创造力，有助于提高学习效果。

高职英语教师采用多样化的教学方法，包括小组合作和任务型教学，这与STEAM教育理念中的创新教学方法非常契合。STEAM教育强调学生的主动探究和合作学习，高职英语教师通过鼓励学生参与小组项目、解决实际问题以及进行实验和创作等方式，积极培养学生的探究性思维和合作技能。这种互动式教学能够提高学生的学习兴趣，激发他们的创造力，从而提高学习效果。

二、高职英语STEAM教学模式的改革重点

高职英语STEAM教学模式的改革，需要注意以下方面：

第一，细化目标：在具体目标下提升学生英语语言知识技能及能力。高职英语STEAM教学模式的改革重点之一是要将总体教学目标细分为可操作的子目标。英语教师应根据学生的特点和现实情况将教学目标进行细化和具体化，其要包括具体的英语语言知识、技能，情感价值观和语言能力等目标，确保这些细化的教学目标能够指导具体的教学环节和教学活动，以便更

好地实现宏观教学目标。

第二，合作学习：在能力互补中强化英语语言知识的活学活用。合作学习是高职英语 STEAM 教学中的重要理念，其目标在于通过充分发挥学生的各自优势，实现英语语言知识的有机运用。教师应该对学生进行分层，考虑到他们的学习能力和水平，然后将不同层级的学生混合组成小组。这种多样性有助于激发不同思维方式的碰撞，促进学生之间的互相学习和协作。通过这种方式，每个小组都会变得充满活力，每个成员都能够从其他人身上学到不同的技能和知识。一旦小组形成，教师的角色是协助学生建立小组契约。这个契约应明确规定每个小组成员的具体任务和责任，确保每个人都清楚自己在项目中的角色。这种相互依赖性激发了学生之间的团队合作精神，使他们更加积极地参与到合作学习的过程中来。

第三，注重体验：在真实环境里加强学生浸入式英语学习体验。高职英语的 STEAM 教学强调学生的学习体验，这一学习体验的核心在于创造一个真实的学习环境，让学生能够身临其境地体验知识的应用和实际运用。这不仅是传统教室中的知识传授，更是一个充满活力和互动的学习过程。在在高职英语的 STEAM 教学中，学习体验要强调学习过程，包括让学生亲身参与实践性和操作性的学习活动，通过自主探索、小组合作以及教师的指导来积极参与课程内容。这种多样化的学习方法不仅有助于激发学生的兴趣，还能够培养他们的解决问题能力和创新思维。在高职英语的 STEAM 教学中，教师的角色也发生了转变，教师应该更关注学生在学习过程中能力的提升，教师需要扮演指导者的角色，鼓励学生积极参与并反思自己的学习过程。教师应该不断提供反馈和支持，确保学生在学习中取得进步，并且拥有积极的学习体验。

三、高职英语 STEAM 教学模式的应用实践

在高职英语教学中融入 STEAM 教育理念可以促进学生综合能力的培养。下面以制作科技产品说明书为例展开说明：①教师确定学习目标，提高学生在科技产品说明书编写中的英语表达和科技知识应用能力。制定能力标准，包括准确使用科技术语、清晰描述产品功能和使用指导等。②学生在项目中实践具有导向性的教学活动，通过调查、学习科技术语和团队合作，编

写产品说明书。在此过程中，学生可练习英语写作，运用科技与工程知识，如产品功能与结构设计性。③教师审阅学生的产品说明书，根据预设的能力标准评估并反馈。④评估帮助学生了解优势与不足，提升能力。⑤针对学生需求，教师提供个性化学习支持，如额外辅导或学习资源等。⑥项目结束后，学生展示成果，鼓励他们在实际情境运用英语与科技知识，增强自信心与表达能力。

通过这样的STEAM教育案例，学生在实践中综合运用英语和科技知识，培养了解决问题和团队合作的能力。同时，教师通过项目的评估和反馈，对学生的学习进行及时调整，确保学生达到预期的学习目标和能力标准。这样的实践性教学模式，融入了STEAM教育理念，提高了学生的学习效果和综合应用能力，为他们未来在科技领域的职业发展做好了准备。

结束语

　　高职英语教学的目的在于使学生掌握一定的英语基础知识和语言技能，突出职业教育特色。本书紧密结合时代发展的需求与高职院校发展的现实需要，以英语教学模式为切入点，分别从基本理论、学习方法和教学模式等多个维度进行了理论构建与现实探索，深入探讨了教育现代化背景下高职院校英语教学改革的趋势与举措，在内容上体现了较强的时代价值与可操作性，对于丰富高职院校英语教学理论与实践体系具有一定的意义。

参考文献

一、著作类

[1] 季舒鸿，王正华. 高职英语教育理论研究与实践探索 [M]. 合肥：安徽大学出版社，2012.

[2] 栾岚. 移动学习理论及其在大学英语教学中的应用研究 [M]. 哈尔滨：哈尔滨工程大学出版社，2017.

[3] 谭宗燕. 基于移动学习的大学英语课程设计研究 [M]. 长春：吉林出版集团股份有限公司，2020.

[4] 赵建华. 混合学习应用的理论与方法 [M]. 北京：中央广播电视大学出版社，2015.

二、文献类

[1] 陈革庆. 基于 OBE 理念下的高职英语教学模式探析 [J]. 才智，2020（4）：20.

[2] 陈矫. 移动学习在高职英语教学中的应用 [J]. 课程教育研究，2019（19）：109.

[3] 陈洁. 基于微课的大学英语教学策略研究 [J]. 校园英语，2022（3）：12.

[4] 郭鋆. 移动学习环境下高职学生英语学习策略调查 [J]. 河南医学高等专科学校学报，2022，34(3)：352.

[5] 韩宪武. 新时期高职高专英语有效教学策略初探 [J]. 湖北科技学院学报，2013，33(3)：102.

[6] 何彬. 线上线下相结合的大学英语混合式教学模式探究 [J]. 英语广场，2022(6)：102.

[7] 蒋小兰. 探究式学习在高职院校英语课堂的运用 [J]. 出国与就业，2010(20)：113.

[8] 李莉.以职业能力培养的高职英语教学模式探讨[J].福建茶叶，2019，41(12)：132.

[9] 林侃.试析网络多媒体环境下高职英语教学模式改革[J].中国报业，2015(20)：37-39.

[10] 马丽.高校英语教学目标中读听写的关系研究[J].新教育时代电子杂志(教师版)，2017(3)：33.

[11] 莫运国.构建以人为本的高职英语教学模式的思考[J].成人教育，2010(10)：77-78.

[12] 蒲佳荔.高职英语教学实用性探讨[J].新一代（下半月），2011(3)：123.

[13] 阮晓红.基于STEAM教育理念的高职英语教学模式研究[D].重庆：重庆大学，2021：14-26.

[14] 商芳.基于职业导向的高职英语教学模式创新研究[J].中国报业，2018(8)：109-111.

[15] 宋君.高职英语有效教学的研究[D].咸阳：西北农林科技大学，2012：7.

[16] 宋育华，肖青.提升高职英语课堂质量的有效教学策略[J].技术与市场，2014，21(12)：370.

[17] 田宇.线上线下混合式"专业英语"教学的设计与构建[J].科教导刊，2020(20)：118.

[18] 屠俊.关于茶文化融入高职英语教学模式的问题研究[J].福建茶叶，2022(5)：158-160.

[19] 王怡云.基于慕课视角下大学英语混合教学模式的构建路径探索[J].校园英语，2021(22)：85.

[20] 魏敏，陈国金.高职英语数字化教学资源建设分析[J].数码世界，2019(5)：182-183.

[21] 温莹.高职院校英语分级教学策略探讨[J].新校园（上旬），2018(4)：93.

[22] 文波.以ESP为发展导向的高职英语教学模式初探[J].职教论坛，2013(23)：32-34.

[23] 文燕. 教师反思与高职英语有效教学的研究[J]. 教育与职业，2010(18)：188.

[24] 谢晓慧. 基于"岗课赛证"融通的高职院校大学英语课程改革实践研究[J]. 校园英语，2022(28)：121.

[25] 尹扬帆. 建构与职业英语准衔接的高职英语教学模式[J]. 实验室研究与探索，2015，34(1)：230-233.

[26] 余姜玮. 基于慕课的O2O高职英语教学模式改革[J]. 福建茶叶，2019，41(8)：186-187.

[27] 张锐. 基于itest和ismart平台的高职英语教学模式实践探究[J]. 职业技术教育，2018，39(17)：37-39.

[28] 张长颉. 高职学生思辨能力与英语教学模式改革[J]. 继续教育研究，2017(6)：114-115.

[29] 朱兵艳，刘士祥. 微信平台辅助的高职英语教学模式设计与构建[J]. 中国电化教育，2016(z1)：95-98.